성공하려면
하버드처럼

하버드대 성공학 명강의

성공하려면 하버드처럼

하오런 지음　　BEST LECTURES IN HARVARD　　송은진 옮김

레몬북스
lemon books

세계 최고의 상아탑 하버드,
그 강의실에서
위대한 사상과 지혜를 배우다

　　1636년에 설립된 이래로, 381년 역사를 자랑하는 명실상부 세계 최고의 상아탑 하버드대학교. 전 세계인이 동경해 마지않는 하버드는 그동안 여덟 명의 대통령을 비롯하여 수십 명의 퓰리처상 및 노벨상 수상자, 수백 명의 세계 최정상급 경영인, 그리고 셀 수 없이 많은 학자, 사상가, 문학가를 배출했다. 또한 하버드를 거친 수없이 많은 이가 세계 곳곳의 여러 분야에서 활약하고 있다.

　　대체 무엇이 하버드를 세계 최고의 자리에 올려놓았을까? 하버드를 연구하고 관련 인물들을 인터뷰해본 사람들은 하나같이 그 독특한 학구적 분위기를 거론한다. 실제로 캠퍼스 내에서는 화려하게 치장한 사람, 한가로이 노는 사람을 전혀 찾아볼 수 없다. 보이는 거라고는 오직 책 속에 파묻힌 공부벌레들뿐이다. 그들은 심지어 새벽 두세 시에도 식당, 도서관 등에서 공부한다.

　　하버드의 학생들은 전 세계에서 가장 어렵고 힘들게 공부하는 것처럼 보인다. 하지만 정작 그들 자신은 매우 즐거운 마음으로 학문을 탐구한다. 그들은 머지않은 미래에 세상을 선도하겠다는 일종의 사명감을 불태운다. 요컨대 하버드가 수많은 명사를 배출할 수 있었던 까닭은 특유의 학구적 분위기와 더불어 그 속에서 영향을 받은 학생들이 더 나은 미래를 위해 고군분투하기 때문이다.

하버드는 국내외의 저명한 학자, 교수 들을 초청하여 강좌를 개설하는 데 매우 개방적이고 적극적이며, 이를 통해 첨단 지식은 물론 인생 전반의 위대한 지혜를 공유한다. 하지만 안타깝게도 이를 접할 수 있는 이들은 하버드 재학생뿐이다.

'세상의 모든 사람 누구나 하버드 명강의를 직접 들을 수 있다면 얼마나 좋을까.'

이러한 현실적 결핍에서부터 이 책은 출발했다. 간접적으로나마 하버드를 체험하고, 하버드의 지혜와 사상을 받아들이고, 그 정신에 입각하여 성공적인 삶을 이루는 것이 바로 이 책의 최종 목적이다.

"성공하려면 하버드처럼"은 하버드 최고의 인기 강의인 경영관리학·감성학·사교학·화술학·행복학·철학·심리학을 중심으로 세계 최고의 지식과 엘리트 양성 과정을 입체적, 직관적으로 설명했다. 또한 재미있는 이야기를 곳곳에 삽입하여 독자들이 유익한 깨달음을 쉬이 얻을 수 있도록 했다. 특별히 하버드의 교수와 졸업생들이 들려주는 갖가지 성공 격언과 사상은 아주 유용한 지침이 될 것이다.

사면초가의 답답한 상황에서 돌파구를 찾고 싶은가? 성숙한 자아로 거듭나길 원하는가? 성공으로 가는 인생 한 수를 얻고 싶은가? 평범함을 벗고 비범한 삶을 살고 싶은가? 그렇다면 지금부터 이 책과 함께해보자. 이 책이, 당신이 걷고자 하는 그 길을 환하게 밝혀줄 것이다.

하버드 학생들 사이에 전해지는 유명한 이야기가 있다.
바로 사람의 운명을 결정짓는 때가 여가 시간, 바로 저녁 여덟 시부터 열 시 사이라는 것이다.
매일 밤, 이 두 시간 동안 독서·자기계발·명상 그리고 여러 유익한 활동 혹은 토론에 참여해보자.
그렇게 하다 보면 삶이 바뀔 것이고, 머지않아 성공이 손안에 들어올 것이다.

|CONTENTS|

PART
06

행복한 인생, 어떻게 철학을 접목할 것인가?

PART 1

CEO들은
어떻게 경영관리학을
실현하는가?

경영관리학은 복잡한 체계와 프로세스를 갖춘 일종의 과학이다. 뛰어난 관리자라면 직원, 조직, 전략, 기업문화 등 다방면에 모두 정통해야 한다. 이 중 하나에서라도 문제가 발생하면 조직 전체에 치명상을 입힐 수 있기 때문이다. 경영관리를 제대로 배우려면 하버드에 가야 한다. 이 장에서는 하버드에 직접 갈 수 없는 당신에게 하버드만의 독특한 경영관리방식과 최고 수준의 이론을 제공한다. 이를 통해 당신은 치열한 경쟁 속에서 두각을 드러내고 기업관리 분야의 최고 인재로 거듭날 수 있다.

당신을 도와줄
최고의 병사를
뽑아라

기업이 빠르게 발전하려면
반드시 좋은 인재, 특히 똑똑한 인재가 필요하다.
_빌 게이츠, 마이크로소프트 설립자

사람을 쓰려면 그를 신임해야 한다. 신임하지 않으면 쓰지 마라.
_디팍 말호트라, 하버드 경영대학원 교수

의심되면 쓰지 말고,
쓰려면 의심하지 마라

'의심되면 쓰지 말고, 쓰려면 의심하지 마라'는 말처럼 쉬운 일이 아니다. 인재를 구하는 일은 참으로 어렵다. 옛말에도 천군(千軍)은 얻기 쉬워도 인재는 얻기 어렵다고 하지 않았는가! 일단 인재를 발견하고, 그에게 무한한 존중과 신뢰를 전한다면 큰일을 이룰 수 있다.

존중과 신뢰는 상대방에게 따뜻한 격려와 안정감을 전달한다. 그러면 그는 책임감을 발휘하면서 최선을 다해 일을 완성하려고 할 것이다. 한 연구에 따르면 사람들은 신뢰를 받을 때 가장 큰 즐거움과 만족감을 느끼며 이를 통해 적극적으로 행동한다고 한다.

관리자가 부하 직원을 믿지 않고 의심하면 그들의 열정을 꺾고 무기력하게 만들어 기업 전체에 악영향을 미친다. 직원 입장에서 생각해보자. 관리자가 직원인 당신의 능력 혹은 성품을 의심하면 기분이 어떻겠는가? 당연히 화가 나고 억울해서 한바탕 논쟁을 벌이고 싶겠지만 실제로 행동에 옮기기는 어렵다. 이런 일이 계속되면 사기가 크게 감소하고 적극성도 사라진다.

관리자라면 '의심되면 쓰지 말고, 쓰려면 의심하지 마라'라는 계율을 마음에 깊이 새기자! 반드시 직원들을 충분히 존중하고 신뢰해야 한다. 유비는 장판파에서 조조와 싸우다 세가 불리해지자 급히 피신할 채비를 했다. 정신없는 와중에 누군가가 유비에게 조자룡이 적진에 투항하고 도망갔다 전했다. 그러자 유비가 말했다.

"그는 충심이 뛰어나고 옛 친구를 저버릴 사람이 아니다. 이런 환난이 일어났을 때 충정을 버렸을 리가 없다."

과연 조자룡은 유비의 감부인과 아들 유선을 구출해 돌아왔고, 근거 없는 소문은 이내 사라졌다.

부하 직원에 대한 존중과 신뢰는 관리자 자신에게도 유리하다. 우선 넓은 아량과 선한 성품을 드러내 직원들의 존경을 얻을 수 있다. 또 직원들에게 일종의 아드레날린 같은 역할을 해서 온 힘을 다해 일하게 만들어 조직 전체의 효율을 높인다. 이처럼 관리자가 건네는 존중과 신뢰의 말 한마디, 격려의 눈빛은 자신과 부하 직원 모두에게 매우 효과적인 자극제가 된다.

앞서 언급한 '의심되면 쓰지 말고, 쓰려면 의심하지 마라'를 실제 행동에 옮길 때는 다음 몇 가지에 주의해야 한다.

★ **지혜로운 눈빛으로 인재를 알아보라** | 인재를 발탁할 때는 반드시 지혜로운 눈빛이 필요하다. 이를 통해 그의 소질, 재능, 성품 등을 종합적으로 평가하고 가장 적합한 자리와 임무를 맡겨야 한다. 이 과정이 잘되어야 직원을 계속 존중하고 신뢰할 수 있다.

★ **능력을 자유롭게 발휘할 공간을 제공하라** | 직원을 이해하고 신뢰해서 가장 적합한 자리와 임무를 부여했다면 이제는 큰 틀만 제시해야지, 이

러쿵저러쿵 간섭해서는 안 된다. 직원은 관리자가 시키는 대로만 하는 꼭두각시가 아니기 때문이다. 또 일을 거들어준다는 핑계로 직원의 일을 빼앗아서도 안 된다. 그러다 보면 직원은 손 놓은 채 한쪽에서 쉬고 있고, 관리자 혼자 동분서주하는 상황이 발생한다. 이렇게 되면 일은 일대로 하고 좋은 소리도 못 들을 수 있다.

★ 직원의 입장에서 생각하라 | 직원은 바보가 아닌, 주관이 있는 사람이다. 따라서 관리자의 의견에 동의하지 못할 수도 있고, 관리자가 시킨 업무를 받아들이지 못하거나 완성하지 않을 수도 있다. 그것을 직원이 불복했다거나 협동 정신이 없다고 매도해서는 안 된다. 그도 감정이 있고, 주관적 혹은 객관적 조건의 제한을 받을 수도 있음을 잊지 말자. 양자 사이에 갈등이 생겼다면 관리자가 마음을 가라앉히고 직원의 입장에서 생각한 후, 객관적으로 상황을 판단해서 결정을 내려야 한다.

★ 솔직하게 대하라 | 관리자는 언제나 직원들과 솔직하게 소통하고 정도를 지키며 이야기를 나누어야 한다. 자리에 없는 직원에 대해서는 어떠한 평가도 비난도 하지 마라. 특히 각종 유언비어에 대해 진정성 있게 대처해야 한다. 솔직한 태도로 탁 터놓고 이야기하면 직원들이 자연스레 따를 것이다.

다시 한번 강조하지만 관리자는 반드시 존중과 신뢰로 부하 직원의 마음을 얻어야 한다. 능력 있는 인재를 발탁해서 그를 충분히 신뢰한다면 조직이 더 활기차고, 더 효율적으로 돌아갈 것이다!

발탁 기준은
언제나 능력이어야 한다

인재 발탁은 반드시 관리자 개인의 문제와 별개로 조직 전체의 이익을 원칙으로 삼아야 한다. 이 원칙만 잘 지킨다면 마치 물이 흘러드는 것처럼 많은 인재가 조직으로 유입될 것이다. 반대로 친분에 따라 발탁한다면 '진짜 인재'가 조직을 빠져나가고 기업은 곧 부패와 쇠락의 길로 빠져들 것이다.

인재 발탁에는 크게 두 가지 방식이 있는데 하나는 능력에 따르는 방식, 다른 하나는 친분에 따르는 방식이다. 전자는 인맥, 과거사 등을 따지지 않고 오로지 능력으로만 발탁하는 방식이다. 반면, 후자는 친한 사람을 발탁하는 방식인데 즐겁게 일할 수 있을지는 몰라도 결과적으로 큰 문제를 일으킬 수 있기 때문에 지양해야 한다. 실제로 중국 역사에 등장하는 수많은 영웅호걸이 후자를 따랐다가 패망했다.

친분에 따르는 방식의 가장 큰 문제는 한 사람의 친분이라는 것이 제한적일 수밖에 없다는 데 있다. 제한된 사람 중에서 발탁해봤자 능력이 대단치 않고 평범한 경우가 대부분이다. 이런 사람들은 발탁된 후에도 열등감과 자격지심 때문에 친한 무리 밖의 '외부인'을 믿지 않고 배척한다. 그래서 친하지 않다는 이유로 발탁되지 못한 '진짜 인재'는 자신을 알아주는 다른 곳으로 떠난다. 이렇게 되면 경쟁 조직에 인재를 제공하는 셈이 되니 '스스로 약해지고, 상대는 강하게 만드는' 아이러니한 상황이 펼쳐질 수 있다.

단순히 친하다는 이유로 신뢰한다면 너무 순진하고 아마추어 같은 행동이다. 만약 당신이 조직을 제대로 이끌면서 관리하고 싶다면 감정적으로 아무리 친밀해도 그것을 신뢰의 이유로 삼아서는 안 된다. 관리자가 반드시 확인해야 하는 것은 친밀도가 아닌, 인성이다. 역사적으로 봐도 실력자의 세력이 약해지거나 패망했을 때 가장 먼저 배신한 사람은 대부분 가장 친한 측근이었음을 명심하자.

수많은 실패 사례가 있음에도 여전히 친분에 따라 인재를 발탁하는 관리자가 많다. 사실, 관리자도 사람이기에 오로지 능력만으로 인재를 발탁하기가 쉽지는 않다. 팔은 안으로 굽는다고 하지 않던가! 그래서 능력에 따라 인재를 발탁하려면 반드시 넓고 깊은 포용력, 진실한 마음가짐, 뛰어난 담력과 인식을 갖추어야 한다. 하지만 안타깝게도 그런 사람은 많지 않다.

대기업에서도 친분에 따라 발탁하는 일이 있는데, 하물며 중소기업은 어떻겠는가? 중소기업 중에는 아예 '가족 경영 체제'로 자리 잡은 경우가 많다. '가족 경영 체제'는 단순히 친분에 따라 인재를 발탁할 때보다 문제가 더 심각한데 크게 세 가지 이유를 들 수 있다.

첫째, 가족이라는 이유로 능력도 인품도 좋지 않은 사람이 발탁되어 많은 돈을 받아간다. 반면에 능력과 기술이 뛰어난 사람은 인정받지 못하고 이른바 '종친'들의 질투와 배척을 받아 이직할 수밖에 없는 처지로 내몰린다. 둘째, '가족파'와 '비가족파'의 계파가 형성되어 조직 내 갈등이 심화된다. 가족파 안에서도 관계의 거리에 따라 작은 파벌로 다시 나뉘어 반목한다. 심할 경우 상대를 중상모략해서 공격하는 일까지 발생한다. 이런 상황에서 회사가 잘 돌아갈 리 만무하다. 셋째, 상하관계가 무너지고, 공과 사를 구별하지 못해 개인적 이익을 추구하는 일이 비일비재하다. 이런 회사는 얼마 버티지 못하고 곧 무너진다.

그렇다면 어떻게 해야 친분을 배제하고 능력에 따라 인재를 발탁할 수 있을까? 뛰어난 관리자라면 다음의 두 가지 포인트를 잊어서는 안 된다.

첫째, 인재 발탁은 반드시 공익을 위한 것이어야 한다.

인재를 발탁할 때는 사사로운 감정을 모두 버려야 한다. 공자는 "군자는 천하의 사람에 대해서 가깝고 먼 것을 구분하지 않고 반드시 인의(仁義)가 있는 사람을 가까이한다."라고 했다. 인재를 발탁할 때는 개인의 은혜와 원한, 득과 실을 계산하지 않아야 하며 오로지 조직의 이익만을 고려해야 한다.

둘째, 인재 발탁을 복수의 수단으로 삼아서는 안 된다.

관리자는 어떠한 의견이라도 받아들일 수 있는 겸허하고 넓은 마음을 갖추어야 한다. 이를 통해 선입견을 버리고 타인을 객관적으로 평가할 수 있어야 한다. 설령 감정적으로 좋아할 수 없는 사람이더라도 그의 능력에 주목하고 객관적 판단에 따라 발탁 여부를 결정해야 한다.

정확하게 파악해야
효율적으로 쓸 수 있다

하버드대 성공학 명강의

인재를 잘 활용하지 못하면 기대한 효과를 얻기 힘들다. 훌륭한 관리자는 언제나 인재를 '적재적소에 잘 써서' 자신과 인재의 가치를 높인다. 이것은 기업 인사의 기본이자 목표라 할 수 있다.

직원을 적재적소에 배치하고 최대한 효율적으로 활용하고 싶다면 반드시 그들의 능력과 개성을 정확히 파악하고 있어야 한다. 사람의 능력과 개성은 드러나는 부분도 있지만 감추어진 요소도 많다. 어떤 것은 꽁꽁 숨어 잘 보이지 않는다. 환경의 영향을 받아 드러나지 않기도 하고, 의도적으로 포장했기 때문이다.

만약 당신이 훌륭한 관리자가 되고 싶다면 평소 다양한 방식을 통해 직원들을 평가 및 심사해야 한다. 주목과 관찰을 통해 직원들 안에 내재된 잠재력, 성품, 특이성 등을 모두 이해하고 있어야 한다.

청나라의 대신 증국번은 중국 역사상 가장 커다란 영향력을 지닌 인물 중 하나다. 그는 청나라 말기의 부패와 황조의 쇠락을 부처님 손바닥 보듯 훤히 꿰뚫고 있었다. 그래서 이처럼 나라가 위급할 때는 반드시 재능과 덕을 겸비한 인물을 등용해 기풍을 바로잡고 예를 다해 다스려야 한다고 보았다.

한번은 그가 황제에게 인재의 발굴, 육성, 선발에 관한 방안을 제시하는 상소를 올렸다. 다음은 그 내용을 간략히 정리한 것인데, 지금 우수한 인재가 필요한 관리자들이 눈여겨볼 만하다.

앞으로 조정의 재상과 지방의 총독은 내각, 육부(六部), 한림원(翰林院)의 인재들로 선발해야 합니다. 다만, 사람이 많아 황제께서 일일이 알수 없으니 인재의 육성과 선발에 관한 직권을 각 부의 관료에게 줄 수밖에 없는 상황입니다.

이른바 인재 양성법으로는 다음의 몇 가지가 있습니다. 바로 교육, 인도, 감별, 천거, 선발입니다. 인재를 양성하는 일은 농사와 같습니다. 교육과 인도는 땅에 씨를 뿌리는 것이고, 감별은 잡초를 뽑는 것이며, 천거는 물을 길어주는 것입니다. 마지막으로 선발은 가장 좋은 때에 내리는 비와 같아 싹이 빠르게 자라나도록 할 것입니다.

관료가 직접 관청에 가서 인재를 살피는 것은 농부가 매일 밭에 가서일하는 것과 같습니다. 그래야만 농작물이 잘 자라나지 않겠습니까?하지만 지금 각 부의 관료는 궁 안에만 있을 뿐, 어떤 때는 수개월 동안관청에 나가지 않아 관원들과 만나는 일이 무척 드뭅니다. 중요한 일을맡은 몇을 제외하고 얼굴을 모르는 관원이 대부분입니다. 이것은 마치벼와 잡초를 한곳에 심는 것과 마찬가지니, 농부가 농사에 전혀 관심이없는 것과 다르지 않습니다.

최근 몇 년 동안 각 부의 관원이 점점 많아지고 있습니다. 어떤 이는 20년 동안이나 편히 살 집이 없고, 평생 일했는데도 제대로 된 일을 맡지 못한 사람도 있습니다. 이러한 상황은 뛰어난 인재가 좌절감을 느끼게 합니다. 각 부의 관료가 대부분 궁 안에 있으니 관원들은 평생 그들의 얼굴 한번 보기 어렵습니다. 가끔 문서에 관료의 서명을 받을 때 흘끗 보거나 보고할 때 몇 마디 올릴 수 있을 뿐입니다. 이러니 관원들이 아무리 재주와 덕을 겸비해도 관료가 어찌 알고 선발하겠습니까?

황제께 바라옵건대 각 부의 관료를 궁 안에 머물지 못하게 하시어 그들이 자주 관원들과 만나 인품, 도덕, 재주를 알 수 있도록 하시옵소서. 또한 황제께서 누가 재주 있고 정직한지, 누구의 지식이 깊은지, 누가 중임을 맡을 수 있는지 불시에 묻고 따진다면 관원들뿐 아니라 여러 관료의 능력까지 비교할 수 있을 것입니다.

삼가 아뢰오니 이 방법을 이용해 모든 인재를 장악하시옵소서. 이후에 다시 예전의 사례에 근거하여 천거법과 감별법을 실시하고, 격식에 얽매이지 않는 선발을 단행한다면 모든 인재를 잘 사용하여 나라에 큰 도움이 될 것입니다.

증국번이 가장 중요하게 생각한 것은 관료가 관원들과 자주 접촉해서 그들의 장단점과 성격을 잘 파악하고 있어야 적재적소에 제대로 쓸 수 있다는 내용이었다. 이는 오늘날에도 상당히 실용적으로 적용할 수 있다.

조직에 녹아들어야
'우리 힘'이
생긴다

'윈윈' 전략은 한계가 없다.
이것은 결코 나의 성공, 혹은 당신의 성공이 아니며 공동의 성공이다.
누구의 장점이 더 많은지는 중요하지 않다.
중요한 점은 모두 각자가 필요한 것을 취하고 만족을 얻는 일이다.

_스티븐 코비, 사회학자

협동형 조직을 만들어야 인력 자원의 최대 효익을 발생시킬 수 있다.

_대니얼 밀스, 하버드 경영대학원 교수

말하지 않아도
알 수 있는 조직을 만들라

조직의 묵계는 구성원 사이의 자각적 이해와 익숙함에서 비롯된다. 그리고 이러한 상호 이해와 익숙함은 공동생활을 바탕으로 생겨나 협동 정신의 필요 조건을 형성한다. 조직의 관리자로서 당신은 구성원들의 협동 정신을 일깨워 자발적으로 협력하고 융화될 수 있도록 최선을 다해야 한다.

구성원들이 서로 말하지 않아도 알 만한 묵계(默契)가 있을 때 비로소 완벽한 조직이 된다. 조직의 관리자로서 당신은 모든 구성원에게 능력을 발휘할 공간을 제공해야 한다. 동시에 그들이 개인주의를 버리고 하나로 결합해서 조직 내 묵계가 발생하도록 유도해야 한다. 또한 반드시 각자의 장점으로 상호 단점을 보완하는 일이 얼마나 중요한지 깨우치도록 해야 한다.

2004년 8월 11일, 이탈리아 배구협회의 기술 전문가 리시 카를로는 중국 여자 배구 대표팀의 훈련을 본 후, 에이스 자오뤼뤼의 활약이 팀의 성패를 좌우할 거라 예측했다. 하지만 첫 경기를 뛰는 중에 다리 부상이 재발한 자오뤼뤼는 다음 경기 출전이 불투명해졌다. 언론은 197센티미터인 자오뤼뤼의 부상 소식을 전하며 중국 여자 배구의 '만리장성'이 무너졌다고 호들갑을 떨었다. 16강 조별 예선에서 중국은 쿠바에 패하는 등 계속 불안한 모습을 보였다. 이 종목에서 금메달을 기대하는 중국인은 거의 없었다.

그러나 한 단계, 한 단계 힘겹게 올라간 중국 여자 배구팀은 마침내 결승전까지 진출했다. 세계 최강 러시아와 맞붙은 경기에서 선수들은 정말 투혼을 불살랐다. 결국 182센티미터의 장웨홍이 202센티미터의 예카테리나 가모바의 머리 위로 공을 넘겨 바닥에 내리꽂으면서 두 시간 남짓의 경기가 마침내 끝났다. 듀스가 쉰 번 넘게 있었던 치열한 경기였다. 이로써 중국 여자 배구는 20년 만에 다시 한 번 올림픽 금메달을 목에 걸었다.

에이스가 빠진 중국 여자 배구팀은 대체 어떻게 세계 강팀을 차례로 무찌르고 금메달을 목에 걸 수 있었을까? 감독 천중허는 말했다.

"우리는 상대팀과 대적할 만한 실력이 아니었습니다. 믿을 거라고는 협동 정신뿐이었고 진짜 그것만으로 승리했죠. 우리가 승리했던 이유는 단 두 마디로 요약할 수 있습니다. 바로 '나를 잊자!'입니다."

그랬다. 중국 여자 배구팀은 모두 개인 영웅주의를 버리고 협동 정신을 발휘해 성공을 거두었다.

협동 정신은 구성원의 지혜와 능력을 응집해 그 총합을 넘어서는 커다란 효과를 만들어낸다. 경영학자 피터 셍게는 저서 『제5경영』에서 이렇게 설명했다.

'단합하지 못한 조직은 구성원 개인의 역량을 소모시킨다. …… 잘 단합된 조직은 한 방향을 바라보며 각각의 역량을 조화롭게 결합해서

역량의 소모 및 상쇄를 최소 수준으로 만든다.'

　조직은 단합해야만 거대한 역량을 만들어낼 수 있다. 그러므로 관리자라면 구성원들에게 '상호 의존 및 상호 신뢰'만이 최고의 무기임을 끊임없이 주입해야 한다. 이것이야말로 관리자가 해야 하는 가장 시급하고 중요한 핵심 과제다.

　개미는 자연계에서 협동 정신이 가장 뛰어난 곤충이다. 3천여 종에 달하는 개미는 지구상 어디에서나 찾아볼 수 있다고 한다. 더운 곳, 추운 곳, 실내, 실외 등등 개미는 그 어디에서든 생존한다. 종류나 서식지와 관계없이 지구의 모든 개미는 대단한 협동 정신을 발휘하며 단체생활을 한다. 개미구멍 하나에 적으면 수십 마리, 많으면 수십만 마리가 살기도 한다. 모든 개미 집단은 여왕개미, 일개미, 수개미, 병정개미 등으로 구성된다. 그들은 각자 맡은 직무가 있으며 분업하는 동시에 협력한다. 여왕개미의 직무는 번식과 산란으로 일개미의 시중을 받는다. 일개미는 육아, 집짓기, 먹이 모으기 등의 일을 한다. 수개미는 여왕개미와의 교배를 책임지며 병정개미는 적에 대항해 집을 보호한다. 개미들은 모두 한마음으로 각자의 전문 영역에서 역량을 발휘하고 단결, 협동한다.

　우리도 개미 집단과 다르지 않다. 하나의 민족이 형성되고 발전하려면 반드시 공동의 영역, 문화, 전통, 언어 등이 필요하다. 마찬가지로 한 기업이 협동하고 단결하려면 반드시 공동의 무언가가 필요하다. 예를 들어 공동의 일터, 공동의 이해관계, 규율, 언어 등이다. 이런 방면에서 공통점이 많을수록 구성원은 더 협동하고 단결해 한목소리를 낸다.

조직에 녹아들어야
생존할 수 있다

'협력과 합작만이 성공을 불러온다.'
이것은 세계적 기업을 이끄는 CEO들의 공통된 인식이다. 협력과 합작이 만드는 힘은 결코 단순하지 않다. 단체의 힘은 우수한 인재 한 명의 힘보다 크며, 각 구성원의 힘을 모두 합한 것보다 훨씬 크다.

물이 바다로 흘러들어야 영원히 마르지 않는 것처럼 개개의 직원은 기업이나 시장 같은 커다란 환경에 녹아들어야 재능을 충분히 발휘하고 이익을 창출할 수 있다. 미국의 석유 사업가 진 폴 게티는 말했다.

"나는 백 명이 각각 발휘한 일 퍼센트의 노력을 이용해서 성공했습니다. 혼자 백 퍼센트의 노력을 해서 성공한 것이 아닙니다."

'단독 행동을 하는 사람'은 자신의 경험과 감상을 타인과 나눌 생각이 없으며 어떻게든 혼자 숨어 있으려고만 한다. 이런 사람은 의도적으로 동료가 실수하게 만들거나 실수할 것을 뻔히 알면서도 경고하지 않는다. 그 때문에 실수하고 좌절과 실패를 맛본 직원들은 의기소침해져서 전투력을 상실한다. 이로 말미암아 조직은 곧 활력을 잃는다.

조직의 일원으로서 직원들은 각기 '독립적 가치'가 있으며, 이것이 모여 조직 전체의 '공유 가치'가 된다. 즉, 공유 가치가 증가하려면 각각의 독립적 가치가 증가해야 한다. 문제는 이 구조를 이해하지 못하고 오로지 자신의 독립적 가치만 중시하는 사람들이다. 이들은 자신의 독립적 가치를 상승시키기 위해 다른 직원들의 독립적 가치 및 조직의 공유 가치를 희생시키기를 서슴지 않는다. 어쩌면 반짝 두각을 드러낼지도 모르지만 이는 그저 잠시 피는 꽃일 뿐 절대 오래가지 못한다.

홀로 선 나무는 숲을 이룰 수 없듯, 아무리 우수한 사람이라도 조직에 녹아들지 못하면 성공할 수 없다. 이는 불변의 진리다. 현대 사회에서는 혼자 말을 타고 적진에 뛰어드는 따위의 행동이 절대 환영받을 수 없다.

기업의 규모가 커지면서 조직은 더 세밀해지고 분업은 고도화되고 있다. 아무리 우수한 직원들이 포진했어도 각각의 역량에 기대어서만은 기업이 발전할 수 없다. 그래서 현재 전 세계 500대 정상급 기업들은 모두 직원들의 '단체 정신'을 향상시키기 위해 애쓰고 있다.

프랑스의 조각가 오귀스트 로댕은 "도와줄 사람이 없는 것이 아니라 도와줄 사람을 발견하는 눈이 부족하다."라고 말했다. 한번 생각해 보자. 맡은 업무를 완성하기 위해 고군분투할 때, 동료에게 말을 꺼내 본 적 있는가? 자료가 필요할 때 동료에게 도움을 부탁한 적 있는가? 혹시 체면이 깎일까 봐 도움을 거부하거나 협업의 기회를 배제한 것 아닌가? 그럴 것 없다. 단독으로 싸우는 시대는 이미 지나갔다! 지금은 함께 싸울 '전우'를 찾아내야 할 때다.

타인을 도와 일하는 것은 곧 자신을 돕는 것과 같다. 협력해야만 조직의 공유 가치를 실현할뿐더러 자신의 독립적 가치를 이룰 수 있다. 지금은 협력도 잘하고, 전우도 잘 찾고, 윈윈의 가치를 정확히 이해하고 효과적으로 실행하는 사람이 각광받는 시대다. 이런 사람만이 기적을 창조하고 성공을 끌어올 수 있기 때문이다.

드넓은 초원에 큰 눈이 내리자 끝도 보이지 않는 하얀 세상이 펼쳐졌다. 동물 대부분이 이미 동면에 들어갔고 늑대 무리만이 외롭게 먹이를 찾아다니고 있었다. 몇 날 며칠 아무것도 못 먹는 일이 빈번했다. 하지만 무지막지한 추위 속에서 얼어 죽지 않으려면 어떻게든 몸을 움직여 먹이를 찾아야 한다. 똑똑한 늑대 무리는 마구잡이로 흩어지지 않고 길게 한 줄로 전진해서 체력 소모를 최소화한다. 가장 앞에 가는 늑대가 깊은 눈 더미를 밟아 발자국을 내면 뒤따르는 늑대들 역시 이 발자국을 밟고 간다. 이렇게 걸으면 가장 앞에 선 늑대의 체력 소모가 제일 크고, 뒤에 선 늑대들은 체력을 아낄 수 있다. 가장 앞에 선 늑대는 힘이 빠지면 자연스레 줄의 가장 뒤로 물러나서 힘을 비축한다. 늑대 무리는 이렇게 협동해서 엄동설한의 긴 겨울을 무사히 난다.

IBM 인적자원부의 리칭핑은 말했다.
"단체 정신은 그의 소질을 반영합니다. IBM은 아무리 능력이 뛰어나도 단체 정신이 없는 사람과 함께 일하지 않습니다."
일은 개인이 아니라 조직의 역량으로 완성되는 것이다. 개인의 역량은 제한적이며 환경의 제약을 해결할 수 없기 때문이다.

시간관리는
인생의
필수과목이다

제대로 조준하지 않은 사격은 의미가 없다.
_마이클 포터, 하버드 경영대학원 명예 교수

늦었다고 생각할 때가 가장 빠른 때다.
_시어도어 레빗, 하버드 경영대학원 교수

가장 중요한 일을
먼저 하라

살다 보면 목표가 명확하고 방향 역시 틀린 것 같지 않으며 매일 최선을 다해 열심히 사는데 이상하게도 막상 손에 쥔 것은 별로 없다는 생각이 든다. 반면, 어떤 사람은 항상 여유롭고 마치 기분 좋은 산책을 하듯 편안히 일하지만 많은 것을 쉽게 얻는 듯 보인다. 왜 이런 일이 발생할까? 차이는 일을 어떻게 이해하느냐에 있다. 후자의 경우는 주어진 일을 잘 파악해서 경중에 따라 완급을 조절하고 시간을 적절히 배치하기 때문이다.

일을 효율적으로 하는 사람은 중요한 일에만 에너지를 집중한다. 중요한 일과 중요하지 않은 일을 모두 잘하려고 애쓰는 사람은 둘 중 아무것도 잘해내지 못한다.

분야별, 직무별로 각각 필요한 규율과 요구 사항이 있다. 그 안에서 어떻게 해야 하는가는 스스로 끊임없이 모색해야 한다. 일의 경중과 중요도를 따지지 않고 두서없이 잡히는 대로 하면 효율적으로 일할 수 없다. 일 잘하는 사람은 매일의 목표를 정하고, 그것이 어떠한 효과와 이익을 가져올지 정확하게 파악해서 일을 추진한다.

작은 철강 공장의 사장 찰스 슈와브는 저효율 문제로 고민하다가 미국 현대 PR의 아버지로 불리는 아이비 리를 찾아갔다. 슈와브는 리에게 어떻게 해야 짧은 시간 안에 더 많은 일을 해낼 수 있는지 단도직입적으로 물었다. 그러자 아이비 리가 대답했다.

"좋습니다! 앞으로 십 분 동안 현재의 낮은 효율을 오십 퍼센트 이상 끌어올리는 가장 좋은 방법을 알려드리죠! 일단 내일 반드시 해야 하는 일들을 종이에 쓰세요. 그리고 중요도에 따라 번호를 붙이십시오. 가장 중요한 것이 1번입니다. 그리고 그 순서에 따라 일을 하면 됩니다. 이해하겠습니까? 아침에 출근하면 바로 1번을 시작해서 완성하고, 그다음에 2번, 3번…… 이렇게 쭉 퇴근할 때까지 하면 됩니다. 어쩌면 1번을 하는 데 하루 종일 걸릴 수도 있어요. 상관없습니다. 가장 중요한 일이니까요. 매일 이렇게 하시다 보면 확신이 들 겁니다. 그러면 직원들에게도 이 방법을 알려주세요. 원하는 만큼 얼마든지 해보세요. 그리고 효과가 있다는 생각이 들면 제가 보낸 수표에 '응당 지불해야 할 만큼의 액수'를 적어 보내주시면 됩니다."

슈와브는 며칠 지나지 않아 수표에 25,000달러를 써서 리에게 보냈다. 슈와브와 직원들은 이 방법을 꾸준히 따랐다. 5년 후, 그의 회사는 일약 미국 최대의 철강 생산 기업으로 발돋움했다.

주어진 시간을 가장 중요한 일에 투자하라! 이것은 매우 간단해 보이지만 의식적으로 노력해서 몸에 익혀야 하는 업무 습관이다. 특히 새로운 일을 시작할 때는 반드시 가장 중요한 일을 확정한 뒤 거기에 최대의 시간과 에너지를 투입해야 한다.

그런데 가장 중요한 일을 확정하는 것 자체가 어려울 때가 있다. 우리는 종종 가장 급한 일을 가장 중요한 일이라고 착각하는 실수를 저지른다. 예컨대 중요한 일에 집중하다가도 전화벨이 울리면 무의식적으로 손을 뻗어 받는 식이다. 보통 급한 일은 매우 뚜렷하게 보이기 때문에 즉각 해야 할 것 같은 느낌이 든다. 하지만 급한 일은 빨리 해야 하는 일일 뿐, 가장 중요한 일이 아니다. 가장 중요한 일이란 바로 '목표와 밀접하게 관련된 일'이다. 가장 중요한 일을 확정할 때는 다음의 다섯 가지를 기억하자.

★ 첫째 | 이 일을 하면 주요 목표(최종 목표, 연간 목표, 월간 목표, 일일 목표)에 더 가까이 갈 수 있다.

★ 둘째 | 이 일을 하면 내가 속한 조직의 최종 목표에 큰 공헌을 할 수 있다.

★ 셋째 | 이 일을 하면 동시에 다른 많은 문제를 해결할 수 있다.

★ 넷째 | 이 일을 하면 단기 혹은 장기적으로 최대 이익(상사의 인정, 주식 배당 등등)을 얻을 수 있다.

★ 다섯째 | 이 일을 하지 못하면 분노, 책망, 간섭 등 심각한 부작용이 발생할 수 있다.

중요도와 긴급도를 고려하면 모든 일을 총 네 가지 유형으로 나눌 수 있다. 중요하고 급한 일, 중요하지만 급하지 않은 일, 중요하지 않지만 급한 일, 중요하지도 않고 급하지도 않은 일이다.

당신은 대부분의 시간을 어떤 유형의 일에 사용하는가? 만약 급한 일에만 시간을 투입한다면 당신은 항상 바쁠 것이다. 일은 마치 파도처럼 계속 밀려올 것이고 당신은 일에 치여 피동적으로 움직일 수밖에 없다. 그러면 상사는 더 이상 당신에게 중요한 일을 맡기지 않을 것이 분명하다.

기억하자. 우리는 반드시 가장 중요한 일을 먼저 해야 한다. 이 일이 곧 성과로 이어지기 때문이다.

조금 느리게
걸어도 괜찮다

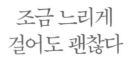
하버드대 성공학 명강의

잠시 천천히 걸어도 된다. 당신의 달팽이를 데리고 산책을 떠나라. 그러면 분주하게 살면
서 지나쳤을 아름다운 풍경을 새삼 발견할 수 있을 것이고, 마음을 더욱 여유롭게 할 수 있
을 것이다.

바쁘다는 의미의 한자 '바쁠 망(忙)'에서 부수인 '마음 심(忄)'을 빼면
'망할 망(亡)'만 남는다. 즉, 너무 바쁘게 살면 몸에 문제가 발생해 결
과적으로 '망한다'는 의미다. 현대 사회에서 바쁜 것은 곧 스트레스를
의미하는데, 대부분의 사람이 이 상태에 놓여 있다고 해도 과언이 아
니다. 학생은 공부하느라, 청년들은 직장을 구하느라, 가장은 일과 가
정을 책임지느라 모두 눈코 뜰 새 없이 바쁘다. 경쟁이 치열한 이 시대
에 천천히, 느긋하게 사는 일은 아무래도 불가능해 보인다. 조금만 여
유를 부렸다가는 흔적도 없이 사라질 것만 같다.

하지만 그렇지 않다. '느린 삶'은 절대 당신을 실패로 이끌지 않으며
물질적 풍족함과도 큰 관계가 없다. 느린 삶이라는 말에서 '느린'은 건

강한 마음가짐, 긍정적 생활 태도를 의미한다. 마음만 먹는다면 우리는 모두 '느린 사람'이 될 수 있다. 삶을 통찰하고 항상 여유로운 '느린 사람'이 되는 일은 절대 어렵거나 잘못된 것이 아니다.

또한 '느린'은 일과 생활 사이의 아름다운 균형을 의미하기도 한다. 그래서 느린 삶은 매우 조리 있고 질서정연하다. 현대 사회의 빠른 생활 리듬에 휩쓸리지 않고 평화로운 마음가짐으로 자신의 리듬을 지킨다면 각종 스트레스와 사방의 유혹을 무력하게 만들고 정신적으로 더 풍요롭게 살 수 있다.

살다 보면 심신이 고달플 때가 있다. 이렇게 지치고 답답할 때는 머릿속을 가득 채운 고뇌와 걱정을 모두 잊고 반드시 체력과 정신력을 회복해야 한다. 하지만 마땅히 쉴 시간도 장소도 없고, 쉴 만한 상황도 안 된다면? 줄곧 열심히 살았는데 자신을 '자유롭고 편하게' 풀어놓을 수 있는 시간과 장소, 상황이 이토록 얻기 어려운 것인지 자괴감이 들 수 있다. 사실, 스스로 영혼을 위로하고 휴식을 제공하는 것은 그리 어렵거나 복잡한 일이 아니다. 방법만 찾는다면 일상 중에도 언제 어디서나 가능하다. 모든 것을 잊은 단 15분의 휴식, 30분의 명상만으로도 커다란 효과를 누릴 수 있다.

잠시 발걸음을 느리게 해보자. 이렇게만 해도 당신이 몰랐던 주변의 소소한 아름다움을 찾을 수 있다. 느린 걸음으로 길을 걸으며 신선한 공기를 들이마시고 숲속을 천천히 가로지르자. 또 편안한 마음으로 햇빛이 바위 위에 만들어내는 그림자를 바라보고, 눈을 감은 채 얼굴을 스치는 옅은 꽃향기를 맡자. 제목도 모르는 노래를 흥얼거리고, 좋아하는 시를 읊조리자. 그러면 당신은 분명히 삶의 아름다움을 만

끽할 수 있을 것이다.

삶을 누리는 일이란 곧 삶의 빈틈에 주목하는 것이다. 삶은 맑은 차한 잔처럼 우릴수록 향기롭고 맛볼수록 깊고 진하다. 어쩌면 고생스럽고 지칠 수도 있다. 하지만 느긋한 마음으로 천천히 걷는다면 삶의 진수를 느낄 수 있다.

절대
미루지 마라

직장은 전쟁터다. 하루하루 계속되는 전투에서 불패의 기록을 세우고 싶다면 반드시 '고효율전략'으로 싸워야 한다. 명심하자! 이 전쟁의 사령관들은 미루는 사람을 높이 평가하지 않으며 아무런 기대도 하지 않는다.

　미루기는 참 낯설지 않은 행동이다. 오늘 하루를 돌아보자. 아마 자신이 얼마나 많은 일을 미루었는지 깨닫고 깜짝 놀랄 것이다. 미루기는 곧 삶을 소모하는 것과 같다. 지금 걸어야 할 전화를 한두 시간 뒤로 미루고, 오늘 할 업무를 내일로 미루고, 이달 안에 완성해야 하는 보고서를 다음 달로 미루고, 이번 시즌에 달성해야 하는 실적을 다음 시즌으로 미루고……. 정리하자면 미루기는 항상 '이따'를 입에 달고 사는 사람의 습관이라고 할 수 있다.

　작가를 꿈꾸는 청년 두 명이 있었다. 그중 한 명은 천부적 재능을 타고났지만 다른 한 명은 아주 평범했다. 두 사람은 10년 후에 누가 더 훌륭한 작품을 썼는지 비교해보기로 했다.

첫 번째 청년은 재능만 믿고 오만방자했다. 시를 써달라는 부탁을 받으면 "제가 좀 바빠요."라고 대답했고, 누군가 공모전 소식을 전하며 참가를 권유하면 "나는 지금 멋진 작품을 쓰기 위해 구상 중이에요. 그런 데 나갈 시간은 없어요."라고 퉁명스럽게 대꾸했다. 빨리 작품을 발표해서 타고난 재능을 드러내야 한다고 조언해도 아랑곳하지 않았다. 그는 항상 좋은 때를 기다리는 중이라고 말했다. 하지만 매일 그렇게 먹고 마시고 놀기만 하니 감각이 둔해지고 글은 뻔해졌다. 나중에는 펜을 들고 한 문장도 쓰지 못하는 지경이 되었다.

한편 평범한 문학도인 두 번째 청년은 자신의 부족함을 알기에 쉬지 않고 움직였다. 묻고 배우는 것을 부끄러워하지 않으며 사방으로 가르침을 구하러 다녔다. 외롭게 방에 틀어박혀 시대별로 훌륭한 작가들의 작품을 연구하는 동시에 습작을 게을리하지 않았다. 고심해서 작품을 완성하면 창피함을 무릅쓰고 존경하는 작가를 찾아 평가를 부탁했다. 작가뿐 아니라 가족과 친구 등의 의견도 겸허하게 받아들였다. 10년 후, 그는 많은 독자의 사랑을 받는 저명한 작가가 되었다.

사회심리학의 아버지라 불리는 쿠르트 레빈은 유명한 '역장이론'을 제시했다. 그는 변화를 이끄는 추진력과 변화를 거부하는 저항력이라는 두 힘이 사회 곳곳에서 역동적으로 작용한다고 보았다. 그에 따르면 어떤 사람들은 평생 브레이크를 밟은 채로 전진한다. 다시 말해 소극적이고 부정적인 생각이 그의 손발을 묶는 것이다. 또 어떤 사람들은 평생 액셀러레이터를 밟으며 신나게 앞으로 나간다. 이들은 긍정적 마음가짐을 유지하며 거침없이 산다. 레빈의 이론은 조직 안에서도 똑같이 적용된다. 직장에서 승승장구하기 바란다면 지금 브레이크 위에 있는 발을 들어 액셀러레이터로 옮겨야 한다.

사실, 사람들은 모두 나태한 천성이 있다. 그러므로 일을 미루지 않고 반드시 마무리하는 것을 습관화해야 한다. '그날 일을 그날 완성하고 깨끗하게 마무리하는 업무 태도'는 개인의 성공은 물론이거니와 회사의 발전을 이루는 핵심이다.

1989년 3월, 미국 엑슨 모빌의 대형 유조선 발데스가 알래스카 프린스 윌리엄 사운드 해협에서 암초에 부딪혔다. 이 사고로 800만 갤런이 넘는 원유가 유출되어 폭 1킬로미터, 길이 8킬로미터의 거대한 기름띠가 생겼다. 청정 해수 지역인 이곳은 미국과 캐나다의 경계로, 연안은 빽빽한 숲이었다. 하지만 사고 발생 후, 죽은 물고기가 해면을 가득 채웠고 해안은 온통 검은 기름으로 오염되었다. 부근 지역의 수산업은 큰 타격을 받았다.

환경단체는 엑슨 모빌, 미국과 캐나다 정부에 당장 해결책을 내놓고 조치하라 촉구했다. 그런데 엑슨 모빌은 이런저런 핑계를 대며 조사를 자꾸만 미뤘고, 원유를 제거할 방법을 내놓지 않았다. 심지어 그들은 제대로 된 사과조차 하지 않았다. 결국 오염 지역이 계속 확대되어 상황은 더욱 심각해졌다.

어처구니없는 엑슨 모빌의 태도는 미국과 캐나다 정부, 환경단체 및 언론을 모두 분노하게 만들었다. 급기야 '반(反)엑슨 모빌' 여론이 형성되어 엄청난 일을 저질러 놓고도 늑장과 오만으로 대처하는 엑슨 모빌에 대한 맹공격이 시작되었다.

여론이 거세지자 엑슨 모빌은 그제야 태도를 바꾸고 거금을 들여

고압 호스와 증기로 유출된 원유를 제거하는 방법을 고안해 실시했다.

결국 방제 작업에 들어간 돈만 수백 만 달러가 넘었고 여기에 손해 배상액과 벌금까지 더하면 수억 달러에 달하는 손실이 발생했다. 무엇보다 더 큰 타격은 석유 재벌 엑슨 모빌의 이미지가 완전히 무너진 것이었다. 그 바람에 미국뿐 아니라 유럽의 오랜 고객들까지 경쟁사에 빼앗겼다. 이후 엑슨 모빌은 '오만방자한 환경 파괴범'으로 불렸다.

엑슨 모빌의 이미지가 박살나고 커다란 손실이 발생한 까닭은 모두 '미루기' 때문이었다. 미루기는 문제를 해결하거나 없애는 방법이 아니다. 오히려 문제를 더 심각하게 만들어서 미루지 않았으면 없었을 위기까지 야기한다. 미루기는 작은 일을 크게, 간단한 일을 복잡하게 만드는 원흉이다. 해야 할 일을 미루면 순식간에 눈덩이처럼 불어나 해결이 불가능하게 되니 반드시 경계해야 한다.

더 큰 문제는 미루기가 그 사람의 의지와 영혼을 잠식하고 에너지를 소모해서 잠재력을 발휘할 수 없도록 만드는 것이다. 미루기가 습관이 된 사람은 '미루기-저효율-우울감-미루기'의 악순환에 빠진다. 이런 사람들은 또 일을 미룬 자신을 자책하고 후회하지만 나시 일어설 힘을 내지 못해 결국 아무것도 이루지 못한다.

힘주어 짜내면
없던 시간도 생긴다

하버드대 성공학 명강의

흐르는 냇물이 거대한 바다를 만들고, 일분일초의 시간이 쌓여 큰일을 이룬다. 만물의 변화는 늘 '양의 누적'에서부터 시작된다. 일분일초의 시간은 뚜렷이 보이지 않지만 쌓이면 매우 중요하게 쓰인다.

시간은 참으로 신기하다. 어떤 때는 너무 느려서 답답하고, 또 어떤 때는 너무 빨라서 아쉽다. 아예 멈춘 것 같을 때도 있고, 미처 느낄 새도 없이 지나가버린다. 결국 시간은 어떤 마음가짐으로 대하느냐에 따라 매우 탄력적으로 변화한다. 이러한 시간 특성을 효과적으로 활용한다면 삶을 더욱 풍요롭게 만들 수 있다.

시간의 또 다른 특성은 바로 되돌릴 수 없다는 것이다. 느리든 빠르든 한 번 지나간 시간은 절대 되돌아오지 않는다. 공자는 냇가에 서서 흐르는 물을 보다가 탄식했다.

"세월 가는 것이 꼭 이 냇물과 같구나. 밤낮을 쉬지 않으니!"

우리는 시간을 더욱 소중히 다루는 법을 배우고 익혀 자신을 위해 더 많은 시간을 만들어야 한다.

혹시 늘 시간이 부족한가? 작가 선충원은 시간에 대한 통찰력 있는 사고를 드러냈다.

"짜내라. 시간은 짜내야 여유롭다. …… 힘주어 짜내는 것이 정상이고 그렇게 하지 않는 것이 비정상이다. 시간은 짜내어 만들어내는 것이다. 허송세월하며 시간을 낭비한 사람은 아무 일도 이룰 수 없지만 시간을 짜내는 사람은 반드시 성공한다."

영국의 유명 작가 에밀리 브론테는 젊은 시절, 소설을 쓰면서 고된 가사노동까지 도맡아서 했다. 그녀는 항상 앞치마 주머니에 연필과 종이를 넣어두었다. 그리고 매일 빵을 굽고 빨래하고 청소하는 틈틈이 머릿속에 떠오르는 문장을 썼다. 그녀 외에도 시간을 짜내어 발전하고 성공한 사례는 셀 수 없을 정도로 많다.

루쉰은 "시간은 마치 스펀지에 스민 물 같다. 힘주어 짜내면 항상 나온다."라고 말했다. 문학가, 사상가 그리고 혁명가로 활동한 그는 실제로 매일 거의 모든 시간을 쥐어짜서 쓰다시피 했다. 그는 아버지가 중병에 걸리자 아직 어린 남동생 둘을 돌보고, 아버지를 간병하고, 어머니를 도와 집안일을 했다. 그런 와중에도 그는 매일 시간을 짜내어 공부를 계속했다.

루쉰은 책을 읽고, 글 쓰는 것을 무척 좋아했다. 그는 언제나 호기심이 많고 다양한 분야의 지식을 받아들이고자 했기에 시간이 무척 중요했다. 루쉰은 살면서 이런저런 병을 많이 앓았다. 몸도 좋지 않고 작업 환경도 형편없었지만 그는 매일 밤늦게까지 글을 쓴 후에야 잠자리에 몸을 뉘었다. 루쉰에게 시간은 곧 생명과 같았다.

"시간이 금이라고 했습니다. 나는 시간이 생명이라고 생각합니다.

다른 사람이 시간을 허비하게 만든다면 이는 그의 재물을 탐하고 목숨을 위태롭게 하는 것과 다르지 않습니다."

중국의 지도자 마오쩌둥 역시 시간을 짜내어 사용할 줄 아는 사람이었다. 그는 종종 지인들에게 "일만 년은 사실 그리 길지 않소. 일분일초도 소홀히 해서는 안 됩니다."라고 말했다. 성공하고 싶다면 반드시 시간을 짜내는 법을 배워 익히고 시간을 소중히 해야 한다.

다음은 중국의 시인이자 평론가인 주쯔칭이 시간의 소중함에 대해 쓴 글이다.

손을 씻을 때 세월은 세숫물 속에서 흘러가고, 밥을 먹을 때 세월은 밥그릇 속에서 지나가며, 말없이 멍하니 있을 때 세월은 두 눈 앞에서 지나가 버린다.

흐르는 세월을 잡으려 손을 뻗으면 세월은 또 손가락 사이로 빠져나간다.

밤이 되어 침대에 누우면 시간은 영리하게도 내 몸을 넘어 발아래로 사라진다.

아침이 되어 눈을 뜨면 이미 하루가 흘러간 것이다.

나는 얼굴을 감싸 쥐고 탄식한다.

그러면 새로운 세월의 그림자는 나의 탄식과 함께 달아나버린다.

:
.

PART 2

평안한 인생,
어떻게 감성학을
생활화할 것인가?

하버드는 역대 졸업생들을 추적 조사한 결과, 성공을 촉진하는 데 지능의 영향력은 20퍼센트에
불과한 반면 감성의 영향력은 80퍼센트에 달했다고 발표했다. 감성이야말로 인생 성공의 열쇠임
이 다시 한번 증명된 셈이다. 이 장은 하버드의 성공적 감성 교육 사례를 기초로 해서 관련 이론을
체계적으로 설명한다. 이를 통해 독자들은 자신의 감정을 효과적으로 제어하고 운용해서 미래를
더욱 아름답게 만들 수 있을 것이다.

당신은 생각보다
훨씬 뛰어난
사람이다

나는 창조한다. 고로 존재한다.
_니콜라스 로저스, 하버드 경영대학원 교수

자신감은
보잘것없는 무엇을 위대한 것으로,
평범함을 탁월함으로 바꾼다.
_로렌스 서머스, 하버드 전 총장·미국 경제학자

잠재 능력의
보물 창고를 열어라

하버드대 성공학 명강의

한 사람의 내면에는 영원히 무너지지도 부패하지도 않는 거대한 힘이 있다. 바로 잠재 능력이다. 우리는 반드시 이 힘을 깨우고 발휘해야 한다. 그러면 설령 가장 보잘것없는 삶이라도 깨끗하게 정화되고 풍요로워질 수 있다. 이 힘은 당신을 성공으로 인도해줄 것이다.

모든 사람에게는 보이지 않는 거대한 힘, 잠재 능력이 내재되어 있다. 이 힘을 효과적으로 운용할 수만 있다면 살면서 힘들고 어려운 상황에 처해도 충분히 이겨낼 것이다.

페이스북을 설립한 마크 저커버그는 하버드에서 컴퓨터 과학과 심리학을 공부하다가 중퇴했다. 〈포브스〉에 따르면 저커버그는 135억 달러의 재산을 보유해 역사상 가장 젊은 자수성가형 억만장자가 되었다.

하버드 2학년생이던 그는 웹사이트를 하나 만들어 하버드 학생들의 소통 플랫폼으로 삼아야겠다고 생각했다. 아이디어만 있었지, 실제로 해낼 수 있을지는 그 자신도 몰랐다. 일주일 후, 저커버그는 새로 만든 사이트 페이스북 운영을 시작했다. 놀랍게도 이 사이트는 개통하자마자 매우 큰 인기를 끌었다. 몇 주 만에 하버드 학생 절반 이상이 가입했고 개인적인 데이터, 예를 들어 이름, 주소, 취미, 관심거리, 사진 등을 제공하는 데 적극적으로 동참했다.

학생들은 이 무료 소통 플랫폼으로 친구의 최신 소식을 확인하고 이야기를 나누었으며 새로운 친구를 찾기도 했다. 이후 페이스북은 하버드를 넘어 미국의 주요 대학으로 확대되었으며 캐나다 등 북미 지역에까지 진출했다. 그리고 현재는 전 세계 SNS 시장을 휩쓸고 있다.

마크 저커버그는 지극히 평범한 학생으로, 하버드 학생치고는 IQ도 그리 높은 편이 아니었다. 하지만 그는 역대 하버드 출신 명사들 중에서도 가장 눈에 띄는 성공을 거두었다. 어떻게 이런 일이 가능했을까? 바로 자신에게 내재된 보물 창고, 즉 잠재 능력을 발휘했기 때문이다. 모든 사람에게는 잠재된 거대한 힘이 있으니 불러일으켜 깨우기만 하면 엄청난 일을 해낼 수 있다. 하지만 대부분 사람은 이 점을 간과한다. 괴테는 말했다.

"잠재 능력이란 매우 강한 에너지다. 이 에너지가 폭발하면 세상을 놀라게 할 수도 있다."

당신은 당신의 인생에서 가장 중요하고 소중한 사람이다. 그리고 당신 안에 있는 잠재 능력은 영원히 고갈되지 않고, 쓰면 쓸수록 더 풍요로워지는 보물 창고와 같다. 당신이 할 일은 이 보물 창고에서 보물들을 꺼내는 것뿐이다.

어떠한 상황에서든 스스로 잠재 능력을 자극하고 깨우기 위해 애쓴다면 자신을 성공의 길 위에 올려놓을 수 있다.

잠재의식은 미지의 자신을
발견하도록 돕는다

지금 우리를 둘러싼 삶의 모습은 모두 잠재의식이 반영된 결과다. 잠재의식 속의 각종 생각과 관념은 현재의 당신을 만들어냈다. 만약 지금의 평범함을 벗고 탁월해지고 싶다면 잠재의식을 변화시켜 그 안의 거대한 역량이 발휘되도록 해야 한다.

대부분 사람은 갈등과 고난을 마주하면 어찌할 바를 모르고 당황한다. 하지만 사실 우리는 외부의 공격에 무너지는 것이 아니라 자신에게 패한다. 자신의 능력을 저평가하는 사람은 절대로 더 나은 삶을 살수 없다.

신이 이미 운명을 결정했으니 아무리 애써봤자 소용없다고 말하는 사람도 있다. 정말 그럴까? 미국의 잠재의식 전문가는 우리의 뇌가 마치 '깊은 잠에 빠진 거인'과 같다고 말했다. 정상적인 뇌의 용량은 약 6억 권의 책에 담긴 지식의 총합과 같은데, 이는 대형 컴퓨터 저장량의 120만 배에 해당한다. 그러니까 뇌의 기능 중 일부만이라도 발휘한다면 40여 종의 언어를 배우고, 백과사전 수백 권에 담긴 지식을 배울 수 있으며, 12개의 박사 학위를 딸 수 있다.

연구에 따르면, 사람은 뇌의 기능 중 1퍼센트도 채 사용하지 않는다고 한다. 다시 말해 인류가 누릴 수 있는 지식과 지혜 중 극히 일부만 개발된다는 의미다.

1796년 독일 괴팅겐대학교에서 열아홉 살의 청년이 저녁 식사를 마치고 교수가 내준 수학 문제를 풀기 시작했다. 앞의 두 문제를 순조롭게 해결한 그는 세 번째 문제에서 난관에 봉착했다.

'각도가 없는 자와 컴퍼스만 이용해서 정십칠각형을 그려라.'

어려운 문제였다. 시간이 한참 흘렀는데도 도무지 해결 방법이 떠오르지 않았다. 이제까지 배운 수학 지식은 아무런 도움도 되지 않았다. 다행히 그는 쉽게 포기하는 인물이 아니어서 반드시 해결하고 말겠노라 투지를 불살랐다. 그는 컴퍼스와 자를 들고 계속 종이에 그림을 그리며 문제를 풀기 위해 애썼다. 그리고 창문에 새벽 햇빛이 비추기 시작했을 즈음, 마침내 문제를 풀었다.

다음 날 교수를 찾아간 청년은 자책했다.

"마지막 문제에 하룻밤을 꼬박 새웠습니다. 정말 부끄럽습니다."

교수는 청년이 제출한 보고서를 훑어본 후 깜짝 놀라 멍한 표정을 지었다. 잠시 후, 그는 떨리는 목소리로 말했다.

"이거 정말 자네가 풀었나?"

"네, 이 문제 하나 푸는 데 하룻밤이 걸렸습니다."

교수는 컴퍼스와 자를 주며 자신이 보는 앞에서 종이 위에 정십칠각형을 그려보라고 했다. 청년은 고심 끝에 알아낸 방법으로 빠르게 도형을 그려냈다. 그 모습을 본 교수는 흥분을 감추지 못했다.

"세상에! 정말 대단하군! 자네는 지금 이천 년 동안 아무도 풀지 못한 수학 난제를 해결했어! 아르키메데스도 뉴턴도 하지 못한 일이야! 하룻밤 만에 해결하다니 자네는 정말 진정한 천재로군!"

이 청년이 바로 독일의 천재 수학자 카를 프리드리히 가우스다.

가우스는 이것이 2,000년 동안 아무도 풀지 못했던 문제임을 몰랐다. 그냥 교수가 내준 과제라고 생각했을 뿐이다. 만약 교수가 처음에 '아르키메데스와 뉴턴도 풀지 못한 난제'라고 말했다면 결과는 달랐을지 모른다.

기억하자. 당신은 생각보다 훨씬 뛰어난 사람이다. 잠재의식은 마치 만능열쇠처럼 당신의 소망을 실현 가능하게 만든다. 물론 그 만능열쇠를 잘 사용할 사람은 바로 당신 자신이다. 의식적으로 좋은 생각과 긍정적 암시를 잠재의식에 주입해야만 원하는 바를 이루고 성공할 수 있다.

생각하지 못하는 일은 있어도
할 수 없는 일이란 없다

하버드대 성공학 명강의

혁신이란 모든 사람 안에 숨어 있는 잠재 능력이다. 혁신은 반드시 교육과 훈련을 통해 길러내야 하며 실천을 통해 더욱 향상하고 발전시킬 수 있다.

성공의 제1 조건은 언제나 노력이다. 하지만 최근 들어 혁신적 사고 역시 성공을 부르는 필수 조건으로 떠오르고 있다. 혁신적 사고는 성공과 전혀 관련 없어 보이는 것조차 성공으로 이끌 수 있는 거대한 힘이기 때문이다.

누구나 성공하고 부유해지기를 바란다. 하지만 단순한 일을 하며 적당한 봉급을 받는 생활이 길어지면서 그만 창조성을 잃고 지극히 평범해지고 만다. 창조성이 충만해도 성공의 문을 열기 어려운 마당에 무미건조하게 가장 원시적인 시선으로 세상을 바라보는 사람한테 무슨 성공의 기회가 오겠는가?

전통적이며 습관적인 모델을 통해 문제를 해결하려 하면 지루하고 뻔한 답만 나온다. 무에서 유를 만들고, 스스로 문제 해결의 길을 개척하려면 반드시 완전히 새롭고 창조적인 모델을 통해야 한다.

혁신적 사고를 잘 운용하면 불가능해 보이는 거대한 계획뿐 아니라 일상의 각종 자질구레한 골칫거리도 해결할 수 있다. 그렇다면 혁신적 사고란 대체 무엇일까?

한 예술가가 9달러짜리 동판을 28만 달러에 팔겠다고 말했다. 사람들이 대체 무슨 소리냐고 묻자 그는 이렇게 대답했다.

"이 동판으로 문고리를 만들면 그 가치가 약 이십일 달러입니다. 공예품으로 만들면 삼백 달러 정도 되겠고요. 하지만 제가 이걸로 멋진 조각상을 만들면 가치가 이십팔만 달러를 훌쩍 넘지 않겠습니까?"

예술가의 자신만만한 태도에 매료된 월가의 한 금융가가 동판을 사서 그에게 아름다운 흉상 제작을 요청했다. 이렇게 해서 9달러짜리 동판은 예술가의 손을 거쳐 어느 유명인사의 기념상이 되었고 그 가치는 30만 달러에 달했다.

9달러에서 30만 달러까지! 이것이 바로 혁신적인 사고다. 이 예술가는 지능이 뛰어난 동시에 감성까지 뛰어났다. 그는 사람들의 호기심을 자극할 줄 알았기에 성공했다.

미국의 심리학자 칼 던커는 다양한 연구를 통해 사람의 심리적 활동이 '기능적 고착'의 속박을 받는다는 결론을 내렸다. 기능적 고착이란 합리적이고 실현 가능한 기존의 사고방식을 가리킨다. 던커에 따르면 사람은 모종의 문제나 사물을 대할 때 오랫동안 존재한 사고방식의 연장선 위에서 전통적이고 습관적인 사고방식의 영향을 받는다.

그래서 창의적, 혁신적인 무언가를 만들어내지 못하는 것이다.

아이일 때 우리는 모두 창의적이고 혁신적이다. 아이는 이 요상하고 신기한 세계를 끊임없이 탐색하고 새로운 것을 발견하려 한다. 그들에게는 '기존의 사고방식'이라는 것이 없으니 항상 새로운 사고로 신나게 세상을 여행한다. 그래서 종종 '하룻강아지 범 무서운 줄 모르는 일'이 발생하는 것이다. 하지만 나이가 들면서 전통적이고 습관적인 사고방식의 간섭을 받아 수많은 속박에 꽁꽁 묶인 채로 창의성과 혁신성을 잃어간다.

그러므로 혁신적 사고를 기르려면 반드시 우리를 둘러싼 기능적 고착을 파괴해야 한다. 완전히 새로운 접근방식을 통해 문제를 고찰하고 분석해야 확실한 돌파구를 찾을 수 있다.

다음은 한 작가가 혁신가에 대해 쓴 글이다.

이 세상에는 세 종류의 사람이 있다. 첫 번째는 지치지도 않고 끊임없이 노동하는 사람이다. 이들은 오랫동안 강한 의지와 힘에 기대어 자신을 둘러싼 각종 장애물을 하나씩 깨부수며 위대한 목표에 도달한다. 두 번째는 천재성을 지닌 사람이다. 이들은 타고난 지능과 재능에 편승해 유유자적 큰 힘 들이지 않고 산다. 마지막으로 세 번째는 앞의 두 가지가 결합된 유형이다. 꾸준하고 성실한 노동을 통해 원래 없던 천재성을 스스로 길러내는 사람, 혹은 타고난 천재성 위에 성실한 노동을 더한 사람이다. 이들은 언제나 세상을 탐색하고 창조와 혁신의 길을 걸어간다.

자신을 향한 격려와 위로는
잠재 능력을 일깨운다

환경은 바꿀 수 없지만 자신은 바꿀 수 있다. 현실은 바꿀 수 없지만 태도는 바꿀 수 있다. 과거는 바꿀 수 없지만 현재는 바꿀 수 있다. 내일을 예측할 수 없지만 오늘을 잘 살 수 있다. 날씨는 마음대로 할 수 없지만 기분은 바꿀 수 있다. 삶의 길이를 늘일 수는 없지만 삶의 폭을 확대할 수는 있다. 외모를 선택할 수 없지만 활짝 웃을 수는 있다. 타인을 조종할 수 없지만 자신을 제어할 수 있다. 모든 것이 순조로울 수는 없지만 각각의 일에 최선을 다할 수는 있다.

당신이 성공으로 나아가는 길을 가로막는 것은 미지의 무언가가 아니라 스스로 만든 울타리다. 지금 당장 그 울타리 밖으로 걸어 나올 수 있다면 이미 성공의 기초를 닦은 셈이다. 울타리만 없으면 당신은 매우 자유롭고 독립적이며 창의적인 사람이 될 수 있다. 그렇다면 어떻게 해야 이 울타리를 넘을 수 있을까? 바로 끊임없이 자신을 격려하고 위로하면 된다. 울타리 너머로 나갈 수 있다고, 거기 가면 더 행복한 삶을 살 수 있다고 자신에게 속삭이면 된다. 각 분야에서 큰 성공을 거둔 명사들은 모두 끊임없이 자신을 격려하고 위로하며 스스로 잠재능력을 개발하려고 애썼다.

캘리포니아 오렌지카운티에 사는 패티 윌슨은 어렸을 때 간질 진단을 받았다. 10대 소녀가 된 패티는 매일 아침 달리기를 하는 아빠 짐 윌슨을 보며 기대와 호기심이 가득 찬 표정으로 말했다.

"아빠! 나도 아빠와 함께 달리고 싶어요. 그런데 달리는 도중에 갑자기 발작이 시작될까 봐 무서워요."

"걱정할 것 없어. 만일 발작이 일어나더라도 내가 어떻게 대처해야 하는지 잘 알고 있거든. 그럼 우리 내일부터 함께 뛰자!"

이렇게 해서 패티는 달리기와 첫 인연을 맺었다. 매일 아침 아버지와 함께 달리는 시간은 하루 중 가장 즐거운 때였다. 다행히 달리는 동안에는 한 번도 발작 증상이 일어나지 않았다.

몇 주 후, 패티는 비장한 목소리로 아빠에게 자신의 목표를 말했다.

"내 목표는 여자 달리기 세계 최장 기록을 깨는 거예요."

아빠는 인터넷을 뒤져 여자 달리기 기네스 세계 기록이 80마일이라고 알려주었다. 당시 9학년이던 패티는 더 구체적으로 목표를 세웠다.

'올해는 샌프란시스코까지(400마일), 10학년이 되면 오리건주 포틀랜드까지(1,500마일), 11학년 때는 세인트루이스까지(2,000마일), 12학년이 되면 워싱턴의 백악관까지(3,000마일) 뛰어야지!'

패티는 건강하지 않았지만 언제나 열정과 꿈을 가슴속에 품고 있었다. 간질은 가끔 불편을 주는 아주 '작은 결함'일 뿐이었다. 그녀는 단 한 번도 간질 때문에 위축되거나 비관적인 생각을 한 적이 없었다. 오히려 자신이 가진 것을 더욱 소중히 생각하고 감사했다.

마침내 12학년이 되었다. 고등학교생활 마지막 해에 패티는 서부 해안에서 동부 해안으로 가로지르는 4개월의 대장정을 시작했다. 이를 악물고 뛴 패티는 마침내 워싱턴에 도착했고 백악관에서 대통령과도 만났다. 그녀는 대통령에게 말했다.

"저는 간질 환자도 일반인과 똑같이 정상적인 생활을 할 수 있음을 알리고 싶었어요."

오랜 시간을 쉬지 않고 꾸준히 뛰기란 건강한 사람에게도 결코 쉽지 않은 일이었다. 하지만 패티는 스스로 힘과 용기를 북돋으며 고난을 묵묵히 받아들이고 노력해서 마침내 목표했던 곳에 우뚝 섰다. 그녀처럼 자신 안에 내재된 잠재 능력을 일깨운다면 모든 부정적 상황을 바꿀 수 있다.

에디슨은 "만약 할 수 있는 모든 일을 했다면 자신도 깜짝 놀랄 것이다."라고 했다. 그는 모든 사람이 놀랄 만한 잠재 능력을 보유하고 있으며 반드시 일깨워 발휘해야지, 억압해서는 안 된다고 말했다.

운명이 당신을 향해 칼을 던졌을 때 칼날을 잡겠는가, 아니면 칼자루를 잡겠는가? 칼날을 잡는다면 분명히 상처를 입을 것이다. 어쩌면 생명을 잃을지도 모른다. 반면, 칼자루를 잡는다면 그 칼을 이용해 새로운 길을 개척할 수 있다. 그러므로 운명의 도전을 받았다면 반드시 칼자루를 붙잡아야 한다.

성공하고 싶다면
자신의 능력을 의심하지 마라

지금 당신 앞에 놓인 상황은 모두 스스로 선택한 결과다. 여기에 만족하지 못해 바꾸는 것
도 스스로 할 일이다. 이럴 때는 반드시 자신의 능력을 굳게 믿고 꿋꿋이 해나가야 한다. 자
신의 능력에 확신이 없으면 성공하지 못할뿐더러 자신이 왜 실패했는지도 영원히 모른다.

대중은 성공한 사람들을 보며 찬사와 탄복, 시기와 질투의 복잡한
감정에 휩싸인다. 또 실제로 그들을 만나면 성공을 거머쥔 사람에게
서만 느껴지는 일종의 아우라에 놀라기도 한다. 자신감 있으면서도
부드러운 그들의 언행을 보면 '역시 성공할 만하다'는 생각이 들 정도
다. 하지만 그들이라고 해서 날 때부터 '행운아'는 아니었다. 모두 우
리가 알지 못하는 고난과 갈등으로 고생한 경험이 있다. 그럼에도 그
들이 무너지지 않았던 까닭은 자신의 능력을 믿으며 스스로 잘하고
있다 믿었기 때문이다.

목표 실현의 첫 번째 단계는 자신의 능력을 의심하지 않고 반드시

할 수 있다고 믿는 것이다. 살다 보면 누구나 실패와 좌절을 마주하기도 하고, 자신에게 실망하기도 한다. 그렇다고 해서 화를 내며 자신과 환경을 원망해서야 되겠는가? 이런 행동은 당신을 그 진흙탕 속에서 끌어올리지 못하며 오히려 스스로를 더 혼란스럽게 만들 뿐이다.

사람들의 눈에 폴 드 센네빌은 특별히 하는 일 없이 무위도식하며 사는 남자였다. 하지만 센네빌은 남들의 시선에 흔들리지 않고 언제나 자신이 특별하다고 생각했다.

어느 날, 그는 머릿속에 떠오른 멜로디를 대충 흥얼거리면서 녹음했다. 그리고 아는 사람에게 부탁해 이 멜로디를 악보에 옮겼다. 제목은 '아드린느를 위한 발라드'로 했다. 아드린느는 첫째 딸의 이름이었다.

얼마 후, 그는 완성된 악보를 들고 로맹빌에 사는 피아니스트를 찾아가 연주를 부탁하고 녹음까지 했다. 센네빌은 이 가난한 피아니스트에게 리차드 클레이더만이라는 예명을 지어주었다. 그들이 함께 만든 이 피아노곡은 음악계에 돌풍을 일으키며 엄청난 사랑을 받았다. 이 음반은 총 2,600만 장이라는 어마어마한 판매고를 올렸고 센네빌은 순식간에 엄청난 부자가 되었다.

"나는 연주하는 악기도 없고, 악보도 볼 줄 모릅니다. 화성악 같은 것은 전혀 몰라요. 하지만 난 흥얼거리는 것을 좋아했어요. 단순하면서도 모든 사람이 좋아할 만한 아름다운 멜로디를 늘 흥얼거렸죠."

모든 사람은 각각 독립적인 개체이니 자신만의 길을 가야 한다. 각자 자신만의 특기와 장점이 있고, 자기만의 지혜로 가득한 두뇌가 있으며, 독특한 감성으로 세상과 타인을 바라본다. 자신의 능력을 의심하고 스스로 비하하는 사람은 고난을 참고 견딜 수 있을지는 몰라도 절대 더 나아지거나 성공할 수 없다. 타인과 비교하고 자신을 비하할 시간에 자신만의 무언가를 꿋꿋이 밀고 나아가 잘 드러내기만 해도 분명 성공할 수 있다.

유일무이한
나 자신을
기쁘게 받아들여라

당신은 이 세상에 단 하나뿐이다.
그러니 타고난 재능을 충분히 발휘하라.
_보리스 시디스, 하버드 심리학 교수· 의학박사

나는 나만의 길을 걸어가겠다는 결심을 지키기 위해 온 힘을 쏟아부었다.
그 무엇도 나의 추구를 막을 수 없다.
_데릭 복, 하버드 전 총장

타인의 말에
휩쓸리지 마라

타인의 생각과 의견이 당신의 개성과 재능을 억누르게 두지 마라. 당신이 신경 써야 할 것은 오직 내면에서 들리는 소리뿐이다. 무엇을 하든 명확한 인식을 통해 끊임없이 사고하고 주변에 휩쓸리지 않는 것이 중요하다.

세상에서 가장 쓸데없는 것이 바로 '남의 말'이다. 사람들은 모두 저마다의 생각이 있으니 듣는 사람이 알아서 취할 것은 취하고 버릴 것은 버려야 한다. 타인이 하는 말은 크게 신경 쓰지 말자. 그들은 그저 자신의 생각과 의견을 이야기할 뿐이다. 최종 결정은 결국 스스로 해야 한다.

아침 일찍 일어난 학은 우아하게 날갯짓을 하고 몸단장을 한 후, 차분한 마음으로 바늘을 들었다. 새로 장만한 치마 위에 아름다운 꽃을 수놓을 생각이었다. 한창 수를 놓는데 근처에 사는 공작이 놀러 왔다.
"뭐 해? 수놓으려고? 무슨 꽃인데?"

"복숭아꽃으로 하려고…… 나하고 잘 어울릴 것 같아서."

학이 수줍게 대답하자 공작은 대뜸 반대했다.

"아이고, 무슨 소리야! 복숭아꽃은 쉽게 떨어지잖아. 괜히 불길하니까 월계화로 해. 꽃 모양이 시원스럽고 화려하잖아."

학은 공작의 말도 일리가 있다고 보고 지금까지 수놓은 황금색 실을 모두 뜯어낸 후, 월계화를 수놓기 시작했다.

집중해서 수를 놓고 있는데 언제 왔는지 금계(錦鷄)가 옆에서 중얼거렸다.

"월계화는 꽃잎이 너무 작고 촘촘해서 멋이 없어. 너무 흔한 꽃이기도 하고…… 차라리 커다란 모란이 어때? 모란은 부귀를 상징하는 꽃이거든. 아주 고급스럽지!"

가만히 생각해보니 금계의 말도 맞는 것 같았다. 결국 학은 이제까지 수놓은 월계화를 모두 뜯고 다시 모란을 수놓기 시작했다.

모란이 반쯤 완성되었을 때 화미조(畵眉鳥)가 날아오더니 깜짝 놀라며 소리쳤다.

"어머! 너는 연못에서 한가로이 쉬는 걸 좋아하는 애가 연꽃으로 해야지, 뜬금없이 무슨 모란이야? 모란은 너하고 어울리지 않아! 연꽃만큼 청초하고 우아한 꽃이 어디 있겠어? 더러운 진흙 속에서도 깨끗하고 고고한 모습이 딱 너야!"

학은 화미조의 깊은 생각에 감탄하며 모란을 전부 뜯어낸 후, 다시 연꽃을 수놓기 시작했다.

이후에도 학이 무슨 꽃을 수놓으려고만 하면 누군가 와서 조언했다. 그때마다 학은 수놓고 뜯고, 다시 수놓고 또 뜯고를 반복했다. 결국 학은 하얀 치마 위에 아무 꽃도 수놓지 못했다.

남의 말에 휩쓸리는 학의 행동이 웃음을 자아낸다. 그런데 잘 생각해보자. 혹시 당신도 학처럼 살고 있지는 않은가? 일할 때나 문제를 해결할 때 항상 다른 이의 생각과 의견에 따라 결정을 번복하지는 않는가? 마치 파도에 휩쓸리고 이리저리 바람에 날리는 것처럼 주견을 버리고 타인을 따랐다가는 학처럼 아무 결과도 얻지 못할 것이다.

사방에서 날아오는 간섭과 조언에 흔들리지 말고 꿋꿋이 자신의 생각을 밀고 나가야 제대로 일할 수 있다. 남의 말에 휘둘려 줏대 없이 타인의 기준 속에 살다 보면 결국 자신을 잃게 될 것이다.

세상에는 절대적인 것이 없으며 옳고 그름, 선과 악 역시 각자 입장에 따라 다르게 판단할 수 있다. 그러니 개방적 태도를 유지하되, 자신만의 확고한 주견을 포기해서는 안 된다. 타인이 어떻게 생각하고 말하는지를 신경 쓰면 뭐 하겠는가? 타인의 생각을 생활의 지침으로 삼으면 사는 것이 고달프기만 할 것이다.

주견 없이 남의 말을 듣고 따르다가는 결국 자신을 잃게 될 것이다. 그러면 무슨 일을 하든 항상 걱정과 공포가 엄습한다. 이래서야 무슨 큰일을 하겠는가? 다른 사람의 말, 눈빛, 말투, 자세 같은 것에 신경 쓰지 말자. 일일이 신경 썼다가는 당신의 삶이 점점 무의미해질 것이다.

모든 사람은 기질도 원칙도 전부 제각각이다. 어떤 기질을 가지고 어떤 원칙으로 어떻게 살든 스스로 행복하다고 느낀다면 다른 사람은 신경 쓰지 말자. 그러면 자신에 대한 만족도가 점점 더 높아질 것이다. 천성을 억누르지 말고 자신만의 원칙을 잃지 않도록 하자.

이탈리아의 시인 단테도 "남들이 뭐라고 말하든 내버려둬라."라고 말했다. 자신감과 특유의 개성을 드러내며 살자.

남을 따르기보다
진정한 자신이 되어라

하버드대 성공학 명강의

이 세상에 똑같은 사람은 없다. 모두 저마다의 개성, 특징, 장단점이 있다. 진정으로 자신을 이해하고 자신을 기준으로 사는 사람은 개성을 잃지 않는다. 개성은 당신을 성공으로 이끌어주는 부드러운 바람임을 명심하자.

타인을 시기 질투하는 데 대부분 시간을 쓰는 사람들이 있다. 이들은 자기보다 잘나 보이는 사람을 시샘하는 동시에 그들처럼 되려고 애쓴다. 타인을 맹종하다 보면 결국 자신을 잃는 비극을 맞을 것이다. 중국의 작가 위단은 말했다.

"이른바 사회화는 우리가 성장하면서 사회의 기준에 따라 성인이 되는 것을 가리킨다. 하지만 이 사회의 기준에 너무 집중하다 보면 온전히 나로서의 마음, 근본적 자신을 잃기 쉬우니 경계해야 한다."

어느 아름다운 정원에 사과나무, 귤나무, 배나무, 그리고 장미꽃이 함께 살고 있었다. 이들은 모두 자신의 처지에 만족하며 즐거운 나날을 보냈다.

이 행복한 정원 안에 유일하게 온 얼굴에 수심 가득한 나무가 하나 있었는데 바로 작은 참나무였다. 이 '불쌍한 아이'의 문제는 대체 자신이 누구인지 모른다는 것이었다. 사과나무는 참나무에게 최선을 다하지 않는다며 나무랐다.

"네가 정말 열심히 노력한다면 나처럼 맛있는 사과를 열매 맺을 수 있어. 봐봐! 얼마나 쉬운 일이니?"

그러자 장미꽃이 끼어들었다.

"사과나무 말은 듣지 마. 장미꽃을 피우는 편이 훨씬 쉽거든. 나를 좀 봐! 정말 아름답지 않니?"

답답하고 우울한 참나무는 친구들의 조언을 따라 온 힘을 다해 노력했지만 그들처럼 되려고 할수록 더 큰 좌절감만 느꼈다.

어느 날 현명한 솔개가 날아왔다. 그는 참나무의 고민을 듣고 말했다.

"걱정할 거 없어. 네 문제는 심각한 것도 아니야. 이 세상의 수많은 이가 모두 너와 비슷한 문제로 고민 중이란다. 내가 해결 방법을 알려주지! 다른 친구들이 바라는 모습처럼 되려고 애쓰지 마. 그건 시간과 에너지를 낭비하는 거야. 너는 그냥 너야. 그걸 명확히 알아야 해. 외부의 소리가 아니라 너의 내면에서 들리는 소리에 집중해야 해."

솔개가 떠난 후, 참나무는 곰곰이 생각했다.

'내면의 소리를 들으라고? 나를 이해하고 나 자신이 되라는 걸까?'

바로 그 순간, 참나무의 가지에서 싹이 텄다. 깜짝 놀란 참나무는 자신이 틔운 싹을 보며 생각했다.

'그래, 나는 영원히 사과 열매를 맺을 수 없을 거야. 나는 사과나무가 아니니까. 나는 참나무야. 내 사명은 높고 크게 자라서 새들에게 쉴

곳을, 여행자들에게 그늘을 제공하는 거지. 나는 사명을 다해야 해!'

참나무는 온몸에 자신감이 가득 찬 것을 느꼈다. 그리고 빠르게 자라 커다랗고 아름다운 나무가 되어 모두의 존중을 얻었다.

우리는 자신을 진정으로 이해하고 자신의 길을 걸어가야 한다. 다른 사람의 시선과 질문에는 신경 쓸 필요 없으며 남의 환경을 부러워할 것도 없다. 오직 온 마음을 다해 개성과 감정, 자신감을 드러내면 저절로 다른 이의 인정과 찬사를 얻을 수 있다.

살다 보면 자기도 모르게 타인의 보폭에 맞춰 걷거나 안전하다는 이유로 타인이 지나간 길을 그대로 따르게 된다. 하지만 계속 이런 식으로 살면 천천히 진정한 자아를 잃는다. 나중에는 자신이 누구인지조차 몰라 혼란스러워지고 꿈꾸던 삶이 뭐였는지도 기억나지 않는다. 따라서 맑고 밝은 눈으로 나는 누구인지, 무엇을 원하는지, 무엇에 적합한지, 무엇을 할 수 있는지를 생각하고 찾아야 한다.

우리는 모두 독특한 개성을 지니고 있다. 빛나는 개성은 당신이 평범함을 넘어 빛나는 성공의 길을 걷게 만들어줄 것이다. 거친 파도 같은 타인의 그림자는 당신의 개성을 하나도 남지 않고 사라지게 만든다. 자신을 정확하게 이해하는 사람만이 타인의 그림자를 벗어나 자신만의 공간을 확보하고 더 충실한 삶을 살 수 있다.

성장에는
늘 대가가
따른다

모든 이의 성격에는 아주 작지만 검은 부분이 반드시 있다.
_윌리엄 제임스, 하버드 심리학과 교수

모든 일에는 그것을 한 사람의 성격이 반영된다.
_랄프 왈도 에머슨, 사상가·시인

잘못이 아니라
잘못의 반복을 두려워하라

하버드대 성공학 명강의

잘못이 아니라 잘못의 반복을 두려워해야 한다. 누구나 잘못을 저지를 수 있다. 하지만 잘못 안에서 깨달음과 교훈을 얻고 면밀한 분석을 통해 왜 이런 결과가 나왔는지 아는 사람은 같은 잘못을 반복하지 않는다. 잘못은 성공의 경험보다 더 중요하다.

기나긴 인생에서 성공하려면 학교에서 배운 지식만으로는 부족하다. 그러므로 살면서 꾸준히 사회생활의 지식을 배우고 익혀야 한다.

따지고 보면 삶 자체가 엄격한 선생님이라고 할 수 있다. 물론 학교 선생님과는 교육방식이 완전히 달라서 먼저 당신이 잘못을 저질러야 그에 따른 교훈을 일러주는 방식이다. 사람들은 대부분 무턱대고 잘못을 피하려고만 한다. 하지만 이런 자세 자체가 이미 커다란 잘못이라고 할 수 있다.

이상하게도 사람들은 늘 같은 잘못을 반복한다. 한 번이 두 번 되고, 두 번이 세 번 되는 게 매우 흔하다. 왜 그럴까? 이미 저지른 잘못 속에서 교훈과 깨달음을 얻는 방법을 모르기 때문이다.

18세기 프랑스의 사상가 장 자크 루소는 어렸을 때 집이 무척 가난했다. 루소는 집에 도움이 되고자 한 백작의 집에 가서 아이들을 돌보며 돈을 벌었다. 그러던 어느 날, 백작의 딸이 머리에 한 아름다운 실크 리본이 그의 눈에 들어왔다. 너무 아름다워 한 번이라도 만져보고 싶었던 그는 며칠 뒤 시녀들이 없는 틈을 타 방에 들어가 실크 리본을 가지고 나왔다. 하지만 지나가던 하인이 그 모습을 보고서 백작에게 일러바쳤다.

백작은 크게 화를 내며 루소를 불러 추궁했다. 겁이 난 루소는 쫓겨날까 봐 입을 꾹 다물고 있다가 결국 거짓말을 했다.

"주방 하녀 마리온이 아가씨 방에 들어가 훔쳐서 제게 주었습니다."

백작은 반신반의하며 마리온을 불러 대질시켰다. 어린 소녀 마리온은 영문도 모른 채 끌려와 너무 무섭고 억울한 나머지 눈물을 흘리며 말했다.

"아니에요. 백작님, 절대 제가 그런 거 아니에요!"

백작은 너무 화가 난 나머지 누가 그랬는지 따지고 싶지도 않다며 루소와 마리온을 모두 당장 내쫓으라고 소리쳤다. 두 사람이 백작의 집을 떠날 때, 문 앞까지 따라 나온 나이 든 하인이 낮은 목소리로 말했다.

"너희 둘 중 하나는 거짓말을 했고, 하나는 결백하겠지. 거짓말을 한 사람은 분명 평생 양심의 징벌을 받게 될 거다!"

과연 이 일은 평생 루소의 마음을 짓누르고 괴롭혔다. 40년 후, 그는 『참회록』에서 이렇게 고백했다.

'그 무거운 고통은 줄곧 나의 양심을 내리눌렀다. …… 이 고통은 나로 하여금 참회록을 쓰게 만들었다. 그 잔혹한 기억으로 나는 평생 고뇌했다. 지금도 그 불쌍한 하녀의 모습이 선해 잠을 이루지 못한다.'

잘못을 저질렀을 때 가장 먼저 해야 하는 일은 바로 잘못에 대한 인정이다. 현명한 사람은 절대 같은 잘못을 저지르지 않는다. 의도했건 의도하지 않았건 잘못을 저질렀다면 잘못 자체가 아니라 다시 똑같은 잘못을 저지르지 않기를 바라야 한다. 그래야 비로소 발전할 수 있다.

사람들은 성공을 거두면 자신의 능력과 그동안의 노력 덕분이라고 생각한다. 진정으로 운이 좋았기 때문이라고 생각하는 사람은 많지 않다. 반면, 실패하면 늘 운이 좋지 않았다고 핑계를 댄다. 자신의 잘못을 인정하고 분석하는 것을 두려워하는 사람은 반드시 똑같은 잘못을 저지른다. 잘못으로부터 깨달음과 교훈을 얻고 타인과 신을 원망하지 않는 사람만이 똑같은 잘못을 저지르지 않는다.

실패해야 성공한다

실패 없는 삶은 가장 문제가 많은 삶이고, 실패를 겪지 않은 성공은 불완전한 성공이다. 실패의 교훈은 살면서 절대 없어서는 안 되는 보물이다. 현명한 사람은 실패를 잘 활용하여 성공으로 만든다.

경영의 신 마쓰시타 고노스케는 말했다.

"내 인생 사전에 실패라는 말은 없다. 실패는 나의 부족함을 채울 수 있는 기회이기 때문이다."

그의 말처럼 실패할 때마다 우리는 점점 성공에 더 가까워진다.

살면서 실패를 요리조리 피해 다닐 수는 없으며 누구나 실패의 쓴맛을 본다. 그러므로 실패를 두려워만 말고 그것이 눈앞에 왔을 때 잘 대할 수 있는 마음가짐을 준비해야 한다. 물론 로봇이 아닌 이상 실패하면 우울하고 슬퍼진다. 어떤 사람은 이런 부정적 감정을 이기지 못해 자신감과 방향을 잃고 더 큰 실패로 돌진한다. 반면, 어떤 이들은 그 안에서 성공의 희망을 보고 꾸준히 노력해 결국 성공의 전당에 들어간다.

프랭크 카니는 대학 등록금을 마련하기 위해 부모님의 잡화점 맞은 편에 작은 피자 가게를 열었다. 19년 후, 카니는 가맹점 3,100개를 보유하고 기업가치가 총 3억 달러를 넘는 피자 회사의 사장이 되었다. 이 피자 회사가 바로 피자헛이다.

그는 창업을 꿈꾸는 사람들에게 의외의 충고를 했다.

"여러분은 반드시 실패를 통해 반성하는 법을 배워야 합니다. 나는 거의 쉰 개가 넘는 사업을 했어요. 그중 열다섯 개 정도만 그런대로 괜찮은 편이었죠. 그러니까 성공률이 삼십 퍼센트 정도인 셈입니다. 반드시 최선을 다해 달려가야 합니다. 특히 실패한 후에 더 힘을 내 달려야 해요. 언제 성공할지는 아무도 몰라요. 그전에 우선 실패를 배우는 편이 현명합니다."

카니 역시 수없이 많은 실패를 겪었지만 다행히 그는 반성을 잘하는 인물이었다. 덕분에 우리가 피자헛의 맛있는 피자를 먹을 수 있게 된 것이다.

제대로 된 길 위에서 옳은 방향을 향해 서 있다면 실패를 두려워할 필요 없다. 실패는 그저 일시적인 것일 뿐이다. 그러니 꾸준히 나아간다면 성공의 빛이 서서히 떠오를 것이다.

실패가 많을수록 성공을 마주할 기회도 많아진다. 이전의 실패가 없는데 어떻게 이후의 성공이 있겠는가? 가장 큰 실패는 바로 절대 실패하지 않는 것이다. 실패를 피하려고 애쓰는 것은 성공을 피하려 애쓰는 것과 같다. 실패를 마주하고 끝까지 포기하지 않아야만 성공과 만날 수 있다.

모든 원인은 자신에게 있다

실패보다 더 무서운 것은 바로 실패의 원인을 모르는 일이다. 실패
를 경험했다면 우선 마음을 차분하게 하고 되돌아볼 줄 알아야 한다.
실패에는 반드시 원인이 있다. 무언가 잘못되었기에 실패가 발생하는
것이다. 그러므로 반드시 실패의 원인을 찾아야 하는데 이때 신을 원
망하거나 다른 사람에게 책임을 미루어서는 안 된다. 실패의 원인은
분명히 자신에게 있다. 좌절을 두려워하면 발전할 수 없고, 실패를 두
려워하면 성공을 포기하는 것과 같다.

명나라 최고의 화가 당백호는 어린 시절부터 뛰어난 재능을 보였
다. 그의 스승이자 유명한 화가인 심주는 타고난 재능이 있을 뿐 아니

라 노력을 게을리하지 않는 제자 당백호를 칭찬하고 아꼈다. 당백호는 스승의 칭찬에 우쭐해져 점점 자만하게 되었다. 이를 눈치챈 심주는 어느 날, 당백호에게 방 한쪽의 창문을 열라고 시켰다. 창문에 손을 뻗은 당백호는 소스라치게 놀랐다. 그것은 진짜 창문이 아니라 심주가 그린 그림이었기 때문이다. 이 일로 당백호는 잠시 자만했던 자신을 크게 부끄러워하며 다시 전심전력을 다해 실력을 연마했다.

성공하는 사람은 항상 자신의 언행을 돌아보고 잘못을 수정하며 문제점을 개선하고 부족한 점을 메운다. 이것은 자신을 엄격하게 다스려 끊임없이 발전하고 성공으로 나아가는 데 가장 효과적인 방법이다.

아일랜드 출신의 영국 극작가 조지 버나드 쇼는 말했다.

"하나의 성공에는 여러 개의 실패가 포함되어 있다."

에디슨 역시 수많은 실패와 반성을 겪은 후, 비로소 인류에게 전구라는 획기적인 발명품을 선물할 수 있었다. 노벨상을 두 차례 수상한 프랑스의 물리학자 마리 퀴리는 매일 연구실에 처박혀 수많은 실패를 겪은 후에야 비로소 '라듐' 발견에 성공했다. 반성은 사람을 발전하게 만들고 실패 횟수를 줄여 성공과의 간격을 줄인다.

성공하고 싶다면 반드시 모든 일의 원인을 자신 안에서 찾아야 한다. 핑계를 찾지 말고 문제를 정확히 바라보며 용기를 내 책임을 져야 한다. 그렇게 끊임없이 자신을 긍정적 방향으로 수정해간다면 성공이라는 성과를 손에 쥘 수 있을 것이다.

삶은 차분하게,
생활은
여유롭게 하라

기업이 빠르게 발전하려면
반드시 좋은 인재, 특히 똑똑한 인재가 필요하다.
_빌 게이츠, 마이크로소프트 설립자

사람을 쓰려면 그를 신임해야 한다. 신임하지 않으면 쓰지 마라.
_디팍 말호트라, 하버드 경영대학원 교수

생각을 열면 천당,
열지 않으면 지옥이다

행복하고 기쁜 마음으로 바라보면 삶은 우리를 향해 웃어줄 것이다. 이런 사람의 삶은 언제나 따뜻하고 풍요롭다. 반대로 고통스럽고 슬픈 마음으로 바라보면 삶도 우리를 그렇게 바라본다. 당연히 삶은 언제나 우울한 잿빛이다.

갈등과 고뇌는 대부분 이기심, 탐욕, 시기, 비교 같은 부정적 감정, 그리고 자신에 대한 과도한 기대에서 비롯된다. 톨스토이는 말했다.

"세상을 바꾸려는 사람은 많지만 자신을 바꾸려는 사람은 극소수다."

똑같은 일이라도 당신이 어떻게 바라보느냐에 따라 세상이 달라지는 법이다. 생각을 열면 천당, 열지 않으면 지옥이다. 당신의 행복은 무엇을 가졌느냐가 아니라 가진 것을 어떻게 바라보느냐에 따라 결정된다.

고아원에서 함께 자란 두 친구가 각각 부유한 가정에 입양되었다. 두 사람은 모두 유명 사립학교에 다니며 좋은 교육을 받았지만 서로 다른 삶을 살았다. A는 40대 초반에 사업가로 성공해서 일찌감치 퇴직하고 즐기며 살았다. 학교 선생님이 된 B는 많지 않은 수입으로 근근이 살았다. 그는 늘 자신이 실패했다고 생각했다.

어느 날 우연히 교회에서 마주친 두 사람은 서로의 근황을 물었다. A는 세계 곳곳을 돌아다니며 겪은 흥미로운 이야기를 했다. 반면, B는 자신의 불행과 외로웠던 성장기를 말했다.

B가 끝없이 불평불만을 늘어놓자 A는 참지 못하고 손을 들어 제지했다.

"알았어! 이야기 끝났지? 너는 네가 불행하다고만 이야기하지. 한번 생각해봐. 너의 양부모님은 수백, 수천 명의 고아 중에서 너를 선택했어. 다른 아이를 선택했다면 네가 어떻게 살았을까?"

"너는 몰라! 나는 항상……."

B는 거듭 그동안 겪었던 불공정한 대우를 설명했고, A는 다시 차분하게 말했다.

"네가 그렇게 생각하다니…… 나는 정말 믿을 수 없어! 내 이야기를 들어봐. 나도 스물다섯 살 때는 세상을 받아들이지 못하고 방황했어. 주변 사람들을 증오하고 무슨 일을 하려 하면 화부터 났지. 나 자신도 어찌할 바를 몰라서 매일 울었어. 지금 너처럼 말이야. 사람은 누구나 살면서 아쉬운 부분이 있고 마음에 안 드는 것도 있지. 하지만 원한을 품은 눈으로 세상을 바라보지 마. 네가 얼마나 행운아인지 생각해보라고. 너는 행운아야. 고아로 자라지도 않았고 매우 좋은 교육을 받았지. 네 신세를 한탄하며 스스로 우울의 핑곗거리를 찾을 시간에 어렵고 힘든 상황에 있는 사람을 도와서 불행으로부터 탈출시키는 편이 낫지 않겠어? 나는 다행히 자기 연민에서 벗어났어. 지금의 성공은 내가 얼마나 행운아인지 생각하면서부터 시작된 거야!"

B는 눈물을 흘렸다. 마침내 그는 환경이 아니라 스스로 불행을 만들고 있음을 깨달았다.

이야기 속 두 친구는 모두 유사한 환경 속에 살았다. 하지만 사업가 친구는 맑고 깨끗한 자아로 환경을 취사선택해서 바라보았다. 다시 말해 유리한 면만 보고 불리한 면에는 눈을 돌리지 않은 것이다. '모든 벽은 사실 문이다'라는 말이 있다. 지금 높고 두꺼운 벽 하나가 당신 앞을 막아섰어도 절대 비관하지 말자. 당신이 어떻게 바라보느냐에 따라 출구가 될 수도 있다.

당신의 마음가짐은 각종 문제를 해결하는 방법에 영향을 미친다. 과거에도 그랬고 현재와 미래에도 항상 그럴 것이다. 행복한 삶에는 반드시 지혜가 필요하다. 만약 스스로 지혜가 부족하다고 여긴다면 마음가짐이라도 바꾸어야 한다. 긍정적이고 개방적이며 따뜻한 마음으로 세상을 보면 사물의 아름다운 면만 보일 것이다. 반면, 부정적이고 꽉 막혔으며 차가운 마음으로 보면 당신을 둘러싼 세상은 온통 암흑천지일 수밖에 없다.

같은 수용소에 갇힌 두 사람이 있다. 매일 밤 한 명은 철창 밖 아름다운 밤하늘의 신비로운 별들을 보지만, 다른 한 명은 진흙탕만 바라본다. 이것이 바로 마음가짐의 차이다.

너무 큰 욕망은
인생을 불행하게 만든다

하버드대 성공학 명강의

인생은 기다란 강과 같다. 수원(水原)에서 시작해 계속 흘러 종착지에 도착한다. 아무리 기다란 강도 결국 종착지, 바로 바다에 흘러 들어갈 수 있다. 마찬가지로 기나긴 인생도 분명히 끝이 있다. 그러니 과도한 욕망을 줄이고 행복과 즐거움을 추구하는 것이야말로 인생의 본질 아니겠는가?

부귀영화를 갈망하는 사람은 영원히 만족하지 못한다. 매일 멈추지 않고 열심히 살지만 이상향으로 그리는 삶에 도달할 수 없고 어찌된 일인지 점점 더 행복으로부터 멀어지는 것만 같다. 만약 지금 당신이 그렇다면 당장 과도한 욕망을 눌러 억제해야 한다.

한 은행가가 어촌을 지나다 작은 어선이 부두에 들어오는 것을 보았다. 배 안에서는 어부 하나가 커다란 참치 몇 마리를 옮길 채비를 하고 있었다. 은행가는 이 참치들을 낚는 데 얼마나 걸렸냐고 물었다.
"별로 안 걸렸습니다."
"아니 그럼 조금 더 낚으시지요? 왜 이렇게 일찍 돌아오셨나요?"

"이 정도면 우리 가족이 먹고살기에 충분하거든요."

"아, 그렇군요. 그러면 남는 시간에 무엇을 하시나요?"

"잠도 좀 자고 낚시도 하고 애들과 놀아주기도 하죠. 매일 저녁에는 아내와 함께 마을을 한 바퀴 돕니다. 친구들과 만나 식사하면서 기타도 치고요. 이것저것 하면서 알차게 살고 있습니다."

"저는 은행가입니다. 어쩌면 제가 당신을 도와드릴 수 있을 것 같네요. 매일 조금 더 많이 참치를 잡아서 돈을 모은 후, 커다란 어선을 한 척 사세요. 그 어선으로 더 많은 돈을 벌어 어선을 몇 척 더 마련하세요. 그러면 잡은 생선이 많아지니 중간 상인을 거치지 않고 직접 가공업자에게 넘길 수 있습니다. 아니면 직접 도매 상인이 되어 큰 거래를 해도 좋고요. 돈을 많이 벌면 이 작은 마을을 떠나 뉴욕이나 LA로 가서 어엿한 수산물 회사를 세울 수 있습니다."

"그렇게 되려면 시간이 얼마나 걸릴까요?"

"대략 십오 년에서 이십 년 정도 걸릴 겁니다."

"그런 후에는 어떻게 될까요?"

"회사 상장 후 주식으로 큰 부자가 되는 거죠."

"큰 부자라…… 그 뒤에는요?"

"전문 경영인에게 회사를 맡기고 귀향하여 늦도록 잠을 자고, 낚시도 좀 하고, 애들과 놀러 다니고…… 아내와 함께 거닐며 친구들을 만나고 기타도 치면서 시간을 보내면 되죠."

"어차피 지금 하는 일 아닙니까?"

순간 은행가는 말문이 막혔다.

어부는 충분한 휴식, 낚시, 기타 연주, 가족 및 친구들과의 즐거운 시간 등 단순하고 편안한 삶을 살고 있었다. 만약 그가 은행가의 조언을 받아들인다면 이런 소소한 행복을 포기할 수밖에 없다.

옷은 따뜻하게 입으면 되고, 밥은 배불리 먹으면 되며, 집은 편히 누울 깨끗한 방만 있으면 된다. 이것은 가장 기본적이고 합리적인 인간의 욕구로 누구나 성실히 노력만 하면 충분히 실현할 수 있다. 일상의 행복, 만족, 성취감도 자연스레 따라온다. 하지만 욕구를 넘어선 욕망이 너무 크고 불합리하면 정상적인 방식과 경로로 실현할 수 없고 고통스럽기만 하다. 욕망은 지평선과 같다. 언뜻 보면 멀지 않은 것 같지만 아무리 힘을 써서 좇아가도 닿을 수 없다.

욕망이 정당함을 벗어나 그칠 줄 모르는 탐욕이 되면 사람은 그 탐욕의 노예가 된다. 탐욕의 지배 아래 권력, 지위, 돈에 매몰되면 늘 커다란 피로를 느끼고 항상 불만족스럽다. 아무리 애를 써도 언제나 다른 사람이 가진 것이 훨씬 많아 보이기 때문이다. 탐욕의 노예가 된 사람은 언제나 인상을 쓰고 무작정 돌진하면서 체력, 정신력, 그리고 삶을 소모한다.

이런 생활이 과연 행복할 수 있을까? 욕망에 무겁게 내리눌린 영혼으로 어찌 행복하겠는가? 지금 당신의 욕망에 대해 차분히 생각해보자. 반드시 실현해야 하는 것인가? 당신의 삶과 바꿀 가치가 있는가? 과도한 욕망은 머릿속에서 깨끗하게 제거해야 한다! 모든 욕망을 줄이고 또 줄여서 반드시 필요한 욕구만을 드러내야 한다.

외부 세계의 유혹, 특히 물질의 유혹에 흔들리거나 휩쓸리지 말자. 초연한 마음으로 세상을 바라보고 욕망을 떨쳐야 비로소 진정한 행복을 느낄 수 있다.

내려놓을 수
없는 것은 없다

하버드대 성공학 명강의

삶의 즐거움 중 하나는 바로 내려놓는 것이다. 이것은 영혼을 쉬게 하는 큰 지혜다. 지금
당장 내려놓자. 스트레스를 내려놓고 가볍게 살자! 번뇌를 내려놓고 행복하게 살자! 자기
비하를 내려놓고 자신감 있게 살자! 나태를 내려놓고 성실하게 살자! 부정의 감정을 내려
놓고 긍정적으로 살자! 원한을 내려놓고 편히 살자! 주저함을 내려놓고 자유롭게 살자!

고되고 어려운 삶을 사는 사람이 스님에게 읍소했다.

"아무리 노력해도 내려놓을 수 없는 일과 사람이 있습니다."

"내려놓을 수 없는 것은 없습니다."

"제가 수양이 부족한지 아무리 애를 써도 소용없습니다. 도무지 내
려놓을 수가 없습니다."

그러자 스님은 그에게 찻잔 하나를 들고 있으라 한 후, 천천히 뜨거
운 물을 따랐다. 스님이 멈추지 않고 계속 따르자 금세 물이 넘쳤다.
뜨거운 물에 손을 데인 그는 깜짝 놀라 잔을 놓쳤다. 스님이 말했다.

"이 세상에 내려놓을 수 없는 것은 없습니다. 아프면 자연스레 내려

놓겠지요."

그렇다. 우리는 종종 그 사람, 그 일, 그 감정, 그 상황, 그 모습 등에 사로잡혀 내려놓지 못한다. 이야기 속의 스님은 진정으로 아프지 않았기에 내려놓지 못한다고 보았다. 어쩌면 내려놓을 수 없는 것이 아니라 내려놓는 게 아쉬운 것 아닐까?

심각한 고통에 시달리고 어찌할 바를 모를 때는 반드시 자신에게 말하자.

"이 세상에 내려놓을 수 없는 것은 없다!"

내려놓을 줄 아는 사람만이 삶의 진정한 의미를 이해한다. 기쁨이든 슬픔이든 모든 것에는 끝이 있다. 얻고 잃으면서 삶이 서서히 완성되는 것 아니겠는가? 그러니 내려놓는 것이야말로 자신에게 할 수 있는 가장 좋은 선물이다.

이 세상에 내려왔을 때 우리는 사랑과 즐거움 외에 아무것도 가진게 없었다. 세상을 떠날 때도 마찬가지다. 우리는 오직 가족, 친구의 사랑과 축복 외에는 아무것도 가지고 갈 수 없다. 인생은 단 한 번뿐이기에 허송세월할 수 없다. 그러므로 '내려놓을 수 없다'는 감정의 응어리에 사로잡혀 삶을 허물어뜨리지 말자.

사랑, 우정, 일 등등 무엇에든 최선을 다하는 동시에 내려놓을 줄도 알아야 한다. 과거의 것은 그냥 흘려보내서 바람을 타고 먼지처럼 사방으로 흩어지게 하자. 당신을 슬프게 한 일들은 모두 잊자. 잊어야 그 자리에 새로운 기쁨이 자리할 수 있다. 즐거웠던 일들도 지나갔다면 그냥 흘러가게 내버려두자. 좋은 기억이라도 내려놓아야 새로운 행복을 받아들일 수 있기 때문이다.

내려놓을 수 없는 것은 없다. 살면서 더 이상 누구도 사랑할 수 없을 정도로 힘들고 지친다면 자기도 모르게 움켜쥐고 있었던 것을 내려놓아야 한다. 그래야 더 좋은 미래를 맞이할 기회가 생기고 행복을 추구할 마음가짐이 생겨난다. 내려놓는 일 자체가 커다란 용기이자 지혜이다! 내려놓고 흘러가게 하라. 마음을 '0'으로 만들면 세상이 더 아름답고 행복해 보일 것이다. 다음 정류장에는 무엇이 우리를 기다리고 있을지 모른다. 등에 진 무거운 것들을 모두 내려놓아야 가벼운 발걸음으로 다음 정거장을 향해 나아갈 수 있다. 미지의 아름다움을 탐색하고 발견하는 과정이 바로 행복이다.

내려놓는 행위를 포기하는 것으로 이해해서는 곤란하다. 내려놓는 것은 첩첩산중에서 어찌할 바를 모를 때 자신에게 제안하는 일종의 살길이자 더 나은 선택이다. 최선을 다했지만 원했던 바를 실현할 수 없을 때, 내려놓는 편을 선택하면 생각지도 못한 더 좋은 길을 찾을 수도 있다. 그래서 내려놓는 것은 또 다른 시작으로 해석할 수 있다. 그것은 오래된 자물쇠의 속박을 벗어던진 후에 출 수 있는 가장 자유롭고 편안한 춤사위다. 내려놓으면 더 자유롭게 호흡하고 부드럽게 움직일 수 있다.

PART 3

:
:

리더들은
어떻게 사교학을
수용하는가?

사회의 구성원으로서 훌륭한 인간관계와 수준 높은 소통 능력을 갖추었다면 그야말로 금상첨화 아닐까? 연구에 따르면 성공한 사람들은 대부분 능수능란한 사교술을 구사하는 것으로 밝혀졌다. 하버드의 사교학 강의는 사교에 대한 완전히 새로운 인식을 제시한다. 이 장을 통해 더 좋은 인간 관계를 맺는 법을 이해하고, 더 빠르게 성공으로 나아가는 방법까지 터득하게 될 것이다. 하버드 의 사교학은 당신에게 더 명확한 미래를 보여줄 것이다.

소통의 목적은
설득이 아닌,
이해다

인간관계는 행복의 방향계다.
좋은 인간관계가 없으면 행복하기 어렵다.

_탈 벤 샤하르, 하버드 심리학 교수

감성지수가 높은 사람은 자신의 감정을 정확하게 알고 조절하며
타인의 감정 변화에 예민하게 반응하고 피드백한다.
이런 사람은 각 분야에서 앞서 나간다.

_대니얼 골먼, 하버드 심리학 교수

타인의 눈높이로 바라보라

다른 이들이 자신을 이해하지 못한다고 불평하는 사람이 많다. 혹시 다른 이들도 그렇게 생각하고 있지 않을까? 타인의 이해를 얻고 싶다면 당신이 먼저 상대의 입장에서 생각해야 한다. 그렇게 할 때 생각지도 못한 답을 얻거나 의외로 쉽게 갈등과 오해를 풀 수 있다.

크리스마스 시즌, 한 어머니가 다섯 살 난 아들과 함께 선물을 사러 갔다. 캐럴이 울려 퍼지는 거리에는 형형색색의 등불이 화려하게 장식되어 있었다. 두 사람은 귀여운 요정 인형이 춤추며 노래하고 있는 쇼윈도 앞에 섰다. 가게 안에는 아이들이 좋아할 만한 갖가지 장난감이 널려 있었다. 어머니는 아들이 분명히 좋아할 거라고 생각하면서 가게의 문을 열려고 했다. 그런데 갑자기 아들이 그녀의 옷을 잡아당기며 울먹였다.

"왜 그러니?"

"신발 끈이 풀렸어요."

어머니는 웃으며 쇼윈도 앞에 쭈그리고 앉아 아들의 신발 끈을 단단히 고쳐 묶어주었다. 그런 후 앉은 채로 무심코 고개를 돌린 그녀는 깜짝 놀랐다.

'어? 뭐야? 왜 아무것도 없지? 형형색색의 등불도, 귀여운 요정 인형도, 다양한 장난감도……'

아이의 눈높이에서는 아무것도 보이지 않았다! 어머니는 처음으로 다섯 살 난 아들의 눈높이로 세상을 바라보았다. 깜짝 놀란 그녀는 아이를 안아 올렸다.

이후 어머니는 자신이 '즐겁다'고 생각한 것을 아들에게 강요하지 않고 아들의 입장에서 바라보려고 노력했다.

타인에게 자신의 생각을 강요하지 말고, 타인의 눈높이에서 문제를 바라보려 노력해야 한다. 이렇게 할 때 불필요한 충돌을 피할 수 있고, 딱딱한 분위기를 부드럽게 만들 수 있다.

많은 이가 자신의 입장만 생각하고 타인의 입장은 간과한다. 상대방의 눈높이로 문제를 본다는 것은 한마디로 공감한다는 뜻이다. 다시 말해 상대의 감정을 이해하고 그 입장에서 생각하는 것이다. 이렇게 하려면 기존의 사고방식 자체를 바꾸어야 하고 호기심 어린 시선으로 타인의 내면세계를 탐구해야 한다.

'판매왕'으로 불리는 소통의 대가 조 지라드는 말했다.

"상대방의 감정이 당신의 감정만큼 중요하다고 생각하는 순간, 하나 된 분위기가 형성됩니다. 반드시 상대방의 입장에서 문제를 고려하세요. 존중받는 느낌을 받는다면 상대는 기꺼이 당신과 함께 일하려고 할 것입니다. 반대로 당신의 감정만 내세우면 거부감을 일으키겠죠."

좋은 인간관계를 만들고 싶다면 절대 자기 중심적으로 생각해서는 안 된다. 반드시 상대방의 표정을 살피고 그들의 입장에서 사고하자. 자신의 가치 기준을 상대에게 강요하려 했다가는 좋은 인간관계를 쌓기는커녕 오히려 역효과를 낼 수 있다.

"당신이 틀렸다고 생각하지 않습니다. 입장이 바뀌었다면 나도 그렇게 생각했을 거예요."

이 말은 모든 문제를 해결하는 만능열쇠와 같다. 이렇게 말한다면 가장 고집스럽고 완고한 사람조차 태도를 바꿀 수 있다. 사람은 천성적으로 이해받기를 원하기 때문이다. 그래서 상대방은 설령 당신이 그렇게 하지 않을 거라 생각하더라도 이전보다 훨씬 부드럽고 온화한 눈빛으로 당신을 바라볼 것이다.

상대의 감정을 고려하고 그 입장에서 생각함으로써 극단으로 치닫던 갈등이 누그러진 사례는 무척 많다. 타인과 잘 지내고 좋은 인간관계를 쌓고 싶다면 반드시 상대의 눈높이로 세상을 바라보아야 한다.

타인을 믿는 것이
곧 자신을 믿는 것이다

신뢰는 사람과 사람 사이를 엮어주는 대단히 중요한 감정이다. 그래서 타인의 신뢰를 얻었
다면 이는 정말 자랑스러워할 만한 일이다. 서로 부끄럽지 않게 행동하며 솔직히 터놓고
소통하는 것이야말로 신뢰관계를 맺는 지름길이다. 친구와 동료를 믿는 방법을 배우자. 그
리고 스스로 믿을 만한 사람이 되도록 노력하자.

타인을 믿지 않는 것은 표면적으로 그에 대한 의심이나 걱정으로
보이지만, 사실 이는 곧 자신에 대한 불신을 의미한다. 자신감이 충만
한 사람은 타인을 의심하는 일이 극히 드물다. 타인을 잘 믿지 못하는
사람은 대체로 자기도 모르는 '방어 심리'에 휩싸여 있다. 하지만 이는
일종의 자충수다. 타인을 믿는 사람만이 자신을 지키며 의심의 함정
에 빠지지 않을 수 있다.

화물선 한 척이 안개가 자욱한 대서양을 항해했다. 이 배의 끝에서
혼자 일하던 소년 한 명이 발을 헛디디 그만 파도가 높은 바다로 떨어
졌다. 소년은 살려달라고 외쳤지만 세찬 바람과 거친 파도 때문에 아

무도 듣지 못했다.

얼음처럼 차디찬 바닷물 속에서 소년은 본능적으로 살기 위해 애썼다. 젖 먹던 힘까지 짜내 머리를 물 밖으로 내놓고 멀어져가는 화물선을 주시했다. 화물선은 이제 아예 보이지도 않았다. 소년의 눈에 보이는 것은 끝없이 펼쳐진 바다뿐이었다. 서서히 힘이 빠졌다. 몇 분 후면 바다 아래로 가라앉을 것이 분명했다. 이제 그만 포기해야겠다고 생각했을 때 나이 든 선장의 자상한 얼굴과 따뜻한 눈빛이 떠올랐다.

'선장님은 내가 바다에 떨어진 것을 알면 즉시 구하러 와주실 거야!'

소년은 힘을 끌어모아 앞으로 계속 헤엄쳤다.

한편 선장은 소년이 배 안에 없는 것을 알아챘다. 그는 아이가 바다에 빠졌을 거라고 확신하고 되돌아가기로 결정했다.

"벌써 시간이 많이 흘렀는데요. 물에 빠져 죽지 않았으면 상어 밥이 되었을 거예요."

"아이 하나 구하자고 돌아가다니…… 그럴 가치가 있을까요?"

순간 선장은 주저했다. 정말 옳은 결정인지 확신이 서지 않았다. 하지만 이내 그는 다시 선원들을 향해 소리쳤다.

"아이를 구하러 가자!"

그렇게 선장은 탈진하여 죽기 직전인 소년을 구해냈다. 정신을 차린 소년은 침대에서 내려와 바닥에 무릎을 꿇고 선장에게 감사 인사를 했다. 선장은 아이를 일으키며 물었다.

"그 긴 시간을 어떻게 버텼지?"

"선장님이 구하러 오실 테니까요. 꼭 오실 것 같았어요!"

"왜 그렇게 생각했는데?"

"저는 선장님이 그런 분이라는 걸 알고 있었습니다."

백발이 성성한 선장은 갑자기 풀썩 주저앉아 눈물을 흘렸다.

"내가 너를 구한 것이 아니라 네가 나를 구했어! 잠시나마 주저했던 내가 너무 부끄럽구나……."

사람과 사람 사이, 집단과 집단 사이에 신뢰감이 없으면 함께하지 못한다. 품질 경영의 선구자 에드워드 데밍은 말했다.

"조직 안에 신뢰가 없으면 구성원이 모두 눈앞의 이익에만 집중한다. 이런 상태가 지속되면 장기적 이익에 손해가 발생해서 전체 시스템에 해가 될 수 있다."

세상에 신뢰가 없으면 우정, 사랑, 우호 같은 감정이 모두 사라진다. 이런 세상에서라면 곳곳에 사기꾼이 호시탐탐 자신을 노리고 있다는 느낌을 지우지 못할 것이다.

친구의 작은 실수에 화를 내고 더 이상 그를 믿지 않는다면 이는 친구와 자신 모두를 등진 것과 다르지 않다. 어떻게 그와 친구가 되었나? 스스로 그를 찾아내고 친구가 되기 위해 노력했던 것 아니었나? 그런데도 친구의 작은 실수에 정색하고 그가 책임질 기회조차 주지 않는다면 너무 가혹하다.

신뢰는 실망을 향해 뻗는 두 손과 같다. 당신의 아주 작은 동작 하나가 한 사람의 인생을 바꿀 수도 있다. 세상을 향해 신뢰의 손짓을 하면 당신에게 기적이 일어날지도 모른다.

하버드의 교수들은 학생들에게 어떤 이와 만나고 어울리든지 항상 그를 믿어야 한다고 이야기한다. 그를 믿는 것은 곧 자신의 선택을 믿는 것이기 때문이다.

잘 듣는 사람이
말 잘하는 사람보다
더 환영받는다

나는 인터뷰 전에 사무실 앞에서 두 시간을 머뭇거릴지언정
절대 아무런 준비 없이 들어가지 않는다.
무슨 말을 할지 미리 정하는데,
사실 이보다 더 중요한 것은 상대방에 대한 이해를 근거로
그가 대체 무슨 이야기를 할지 예측하는 일이다.

_딘 후안, 하버드 경영대학원 교수

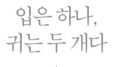

입은 하나,
귀는 두 개다

고대 그리스 철학자는 말했다.

"신께서 우리에게 혀 하나, 귀 두 개를 주었으니 말하는 것보다 듣는 것을 두 배 더 많이 해야 한다."

쉽게 말하면 말을 줄이고 많이 들으라는 뜻이다. 사람들은 누구나 타인의 지지와 이해를 받고자 한다. 그래서 자신의 입장과 생각을 설명하려고 종종 너무 많은 말을 하는데 이보다는 '경청'에 집중하는 편이 훨씬 효과적이다. 경청이야말로 그 사람의 교양과 품위를 드러내며 타인의 지지와 이해, 존중을 더 많이 얻을 수 있는 효과적인 방법이기 때문이다.

말의 목적은 듣는 사람에게 정보를 전달하는 것이다. 경청하면 상대방이 말하려는 정보와 의도를 파악할 수 있다. 또한 경청은 상대방이 더 많이 말할 수 있도록 자극하는 일종의 '격려'다.

데일 카네기가 뉴욕의 어느 파티에서 유명한 식물학자를 만났다. 카네기는 이제껏 동물학자나 식물학자와 이야기를 나누어본 적이 없어서 매우 큰 흥미를 느꼈다. 그는 의자에 앉아 식물학자가 설명해주는 양귀비꽃, 실내 정원, 식물학계의 이런저런 내막 등 다양한 이야기를 들었다. 식물학자는 인류가 감자를 먹기 시작한 기원에 대해서도 이야기했고, 카네기의 작은 실내 정원에 대해 몇 가지 조언도 했다.

이 파티에는 열 명이 넘는 손님이 있었지만 카네기는 모두 무시하고 이 식물학자와 몇 시간이나 대화를 나눴다. 식물학자는 파티 주최자에게 가서 카네기를 '가장 열정적이고 흥미로운 대화 상대'라고 극찬했다.

사실, 카네기는 거의 말을 하지 않았다. 그저 인내심을 발휘해 식물학자의 말을 경청했을 뿐이다.

어쩌면 당신은 '말 잘하는 사람'이 되고 싶을지도 모르겠다. 사실, 언제 어디서나 거침없이 말 잘하는 사람이 더 시원시원하고 멋져 보이기는 한다. 하지만 아무리 말 잘하는 사람이라도 반드시 정도를 지키고 상대의 감정을 살필 줄 알아야 한다. 중국인은 고대 경전 중 고사나 어구를 적절히 사용하고, 감정을 담아 연극처럼 기승전결을 살려 말하는 것을 선호한다. 말이 쉽지, 실제로 하려면 얼마나 어려운 일인가? 이에 반해 경청은 너무나 쉽다. 그저 열심히 듣고 가끔 적절히 대꾸만 하면 된다. 상대의 말에 막 끼어들지 말고 고개를 살짝 끄덕이거나 미소만 지어도 당신은 '매우 좋은 대화 상대'가 될 수 있다. 이보다 쉬운 일이 어디 있는가?

말 한 마디를 줄이면 열 마디가 넘는 효과를 얻을 수 있다. 당신이 경청하면 상대방은 존중받는다고 느낀다. 그래서 경청은 갈등을 해결하고 충돌을 피하는 가장 좋은 방법이다. 경청은 대화의 기교이자 예술이다. 경청을 통해 타인의 장점을 배우고 자신의 단점을 보완할 수 있다.

언뜻 보면 능수능란하게 말하는 사람이 환영받는 것처럼 보이지만 진짜 인기 있는 사람은 바로 경청을 잘하는 사람이다. 말이 많거나 잘하는 사람은 종종 과장하거나 사실과 다른 이야기를 하곤 한다. 그러면 상대방은 그가 과시하기 좋아한다 생각하고 신뢰하지 않을 것이다. 또한 현실에서 대부분의 갈등은 말에서부터 시작된다. 그러나 경청은 시간이 길어져도 아무런 폐해가 없으며 오히려 다양한 의견을 들으면서 시시비비를 명확히 할 수 있는 장점이 있다. 경청을 잘하는 사람은 상대방에게 매우 안정적이고 성실하며 믿을 만하다는 느낌을 준다. 실제로 이런 사람은 성격이 온화하고 여유롭다. 이들은 미성숙한 대응과 섣부른 판단이 일으키는 갈등과 오해를 미연에 방지할 줄 안다. 경청을 잘하는 사람은 언제나 말 잘하는 사람보다 환영받고 더 많이 얻게 마련이다.

존중하고 이해하는 자세로 경청하라

상대방의 생각과 의견을 경청하는 것은 그에 대한 존중과 이해를 표현하는 방식이다. 경청은 인간관계를 더 단단히 묶어주고 우정을 유지하는 데 효과적일 뿐만 아니라 갈등과 충돌을 해결하고 오해를 푸는 데도 매우 유리한 방법이다.

누구나 상대방이 자신의 말을 경청해주기 바라며 이는 매우 자연스러운 심리적 욕구다. 그래서 늘 자기 이야기만 하는 사람은 인기가 없다. 자신의 이야기를 참을 수 없을 때는 그것이 가져올 나쁜 결과를 떠올리면서 스스로 억제해야 한다.

늘 까다롭고 냉소적인 비판을 일삼는 사람도 묵묵히 경청하는 사람 앞에서는 부드러워진다. 경청의 진정한 의미를 아는 사람은 상대방이 사납게 달려들고 욕을 퍼부을 때조차 휩쓸리지 않고 경청한다.

뉴욕의 한 회사에서 일하는 리타는 사내 인간관계가 매우 좋다. 하지만 갓 입사했을 때는 몇 개월간 마음을 터놓을 동료가 한 명도 없었다. 말이 너무 많았기 때문이다. 그녀는 여행 이야기, 자신의 장단점, 업무 성과 등을 계속 이야기하며 입을 쉬지 않았다. 다음은 카네기 훈련 과정에 참가한 그녀의 이야기다.

"저는 스스로 일을 잘한다고 여기고 매우 자랑스러워했어요. 하지만 동료들은 모두 냉담했죠. 그들이 나를 좋아하기 바라고 친구가 되었으면 했지만 모두 나를 피하기만 했어요. 그러다 카네기의 책을 읽고 말 줄이는 연습을 했죠. 그리고 인내심을 발휘해 동료의 이야기를 듣기 시작했어요. 알고 보니 나뿐 아니라 그들도 할 이야기가 많았더군요. 이제 나는 동료들이 즐거웠던 이야기를 하면 듣고서 함께 기뻐한답니다. 그들의 즐거움을 나누는 법을 배웠죠. 내 이야기는 질문을 받을 때만 해요."

존중과 이해의 마음으로 경청하자. 그러면 주변 사람과 더 많이 소통하고 더 많은 감정을 나눌 수 있다. 사람과 사람 사이에 한쪽만 일방적으로 감정을 투자하는 것은 아무런 의미가 없다. 감정 투자는 상대방이 인정했을 때 비로소 의미가 발생하기 때문이다. 사실, 경청을 잘하는 사람은 무척 드물다. 하지만 성공한 사람은 모두 진정으로 경청의 가치를 이해하고 있다.

귀를 쫑긋 세우고
숨어 있는 말까지 들어라

경청은 타인에게 할 수 있는 가장 쉽고 효과적인 '아첨'이다. 진정으로 잘 들어주는 이를 거부하는 사람은 없다. 또한 경청은 상대방에 대한 존중과 관심의 표현이므로 인간관계에 매우 중요한 영향을 미친다. 경청할 줄 아는 사람은 도량이 크고 배려심이 많다는 인상을 주기 때문에 어디서나 환영받는다.

카네기는 경청의 중요성에 대해 다음과 같이 말했다.

"무엇보다 중요한 것은 바로 듣기다. 당신이 얼마나 대단한지 직접 말하기 전에 우선 남의 말을 한번 들어보자. 아마 당신이 생각한 만큼 그리 대단한 사람이 아님을 깨닫게 될 것이다."

모든 사람은 자신의 말을 잘 들어주는 사람을 좋아하며 그들에게만 반응한다. 경청이란 상대에 대한 존중의 표현으로, 그에게 "당신의 생각, 행위, 신념은 모두 나에게 매우 중요합니다."라고 말하는 것과 같다. 타인의 말을 들으면 유용한 정보를 얻을 수 있다. 타인의 말을 끊거나 무시하지 말고 반드시 진심을 다해 열심히 들어야 한다.

미국의 유명 MC 아트 링클레터가 한 어린이에게 물었다.

"커서 어떤 사람이 되고 싶니?"

"음…… 저는 비행기 조종사가 되고 싶어요!"

"한번 생각해보자꾸나. 네가 조종하는 비행기가 태평양 상공을 날고 있었어. 그때 갑자기 연료가 떨어져 엔진이 곧 멈추려고 한다면 어떻게 하겠니?"

아이는 잠시 생각하고 대답했다.

"비행기에 탄 사람들에게 안전벨트를 꽉 채우라고 한 후에 저는 낙하산을 메고 뛰어내릴래요."

현장의 관객들은 모두 배를 움켜쥐고 박장대소했지만 링클레터는 계속 아이의 눈을 가만히 바라보면서 왜 그런 대답을 했는지 알고자 했다. 큰 웃음소리에 당황한 아이의 눈에 눈물이 고이기 시작했다. 링클레터는 아이의 대답에 뭔가 다른 의미가 있을 거라 직감하고는 다시 물었다.

"왜 그렇게 하는데?"

"당연히 연료를 가지러 가야죠! 연료를 가지고 꼭 돌아올 거예요!"

링클레터가 경청하지 않았다면 순수하고 선량한 아이의 마음은 관객들의 커다란 웃음소리에 그대로 묻히고 말았을 것이다. 경청은 사람과 사람 사이를 더욱 가깝게 하며 당신의 생활을 더욱 활기차게 만든다. 심지어 오직 경청하는 것만으로 운명까지 변하는 일도 있다.

경청이란 단순히 목소리뿐 아니라 그 뒤에 숨은 소리까지 주의 깊게 듣는 것을 의미한다. 어쩌면 거기에 당신이 생각지도 못했던 진귀한 보석이 숨어 있을지도 모른다. 경청을 잘하는 사람은 일상의 작은 비밀을 찾는 데 능하다. 이는 성공 비결 중 하나다.

부동산업계에서 승승장구하는 한 사업가는 고객이 하지 않은 말까지 잘 알아들은 덕분에 성공했다고 여긴다. 그가 가격을 말하면 어떤 고객들은 "생각보다 비싸지 않네요."라고 말했다. 하지만 목소리에 약간의 '주저함'이 섞여 있고 웃는 표정이 약간 경직되었다면 사고 싶은 집과 살 수 있는 집 사이에 차이가 있다는 뜻이었다. 그러면 이 사업가는 "네, 그렇습니다. 하지만 결정하시기 전에 몇 군데 더 돌아보면 어떨까요?"라고 말했다. 고객이 살 수 있는 집을 둘러본 후에는 언제나 거래가 성사되었다. 그의 사업은 그렇게 점점 번창했다.

협상에서 언제나 승기를 잡고 거래를 성공시키는 사람들이 있다. 그들의 비결은 대체 무엇일까? 하버드의 한 교수는 이에 관하여 이렇게 말했다.

"협상에는 별다른 비결이나 술수가 필요 없습니다. 오직 진심으로 마음을 터놓고 상대방의 의견을 열심히 들으면 됩니다. 이것만으로 이미 상당한 우세를 점하는 셈이죠. 왜냐면 경청이야말로 상대방을 도취시키는 가장 큰 무기거든요. 경청을 당해낼 것은 없죠!"

경청은 누구나 쉽게 할 수 있는 일이지만 실제로 하는 사람은 매우 드물다. 좋은 대화 상대가 되어 인맥을 확대하고자 한다면 반드시 '좋은 경청자'가 되는 것에서부터 시작해야 한다. 언제나 상대방이 이야기하고 싶어 하는 내용을 질문하고, 그들이 마음을 열고 스스럼없이 속내를 털어놓을 수 있도록 유도해야 한다.

천천히 부드럽게
영향력을
발휘하라

성공의 공식 중 가장 중요한 부분은 타인과 잘 지내는 것이다.
_시어도어 루스벨트, 하버드 명예박사 · 미국 제26대 대통령

성공=20%의 지능+80%의 감성

_대니얼 골먼

타인을 존중하지 않으면
절대 존중받을 수 없다

하버드대 성공학 명강의

당신의 존중은 스치는 봄바람, 작은 샘물, 따뜻한 차 한 잔처럼 상대의 긴장을 풀게 한다. 존중은 사람과 사람 사이를 이어주는 접착제와 같은 역할을 한다. 또 진실, 관용, 겸허, 우애, 찬사 등과 맞물려 더 큰 효과를 일으킨다. 거짓, 불안, 조롱, 차별 같은 부정적 감정과는 물과 불처럼 어울리지 않는다.

우리는 모두 타인이 자신을 존중해주기 바란다. 남녀노소, 지위의 고하를 막론하고 모든 사람이 그러하다. 사실, 존중은 상호 교환의 방식으로 이루어져야 한다. 타인을 존중해야 그로부터 존중을 얻을 수 있다는 말이다. 하버드 학생들은 세상이 서로 다른 것들로 다채롭게 이루어졌으며 각각 존재의 이유와 저마다의 합리성이 있으므로 모든 사람과 사상을 존중해야 한다고 믿는다. 그들이 가장 경멸하는 부류는 바로 편협한 생각으로 가득한 인종주의자다.

존중은 일종의 고상한 미덕이자 문화적 수양이다. 세 사람이 길을 걸으면 반드시 스승이 있다고 했다. 이 세상에는 반드시 당신보다 더 훌륭한 사람이 있으므로 항상 겸손한 마음을 유지해야 한다. 또 이 세상에는 반드시 당신보다 더 도움이 필요한 사람이 있으므로 언제나 관심과 배려를 기울여야 한다. 당신의 겸손함, 관심과 배려는 모두 타인에 대한 존중으로 구현될 것이다.

타인을 존중하는 것은 행동으로 드러나야 한다. 입으로만 떠드는 것은 아무 의미가 없으니 실제 행동을 통해 존중을 표현하자. 진정성이 있다면 상대방을 감동시키고 그에게 기쁨을 선사할 수 있다.

세레나는 세금 문제 때문에 골머리를 썩는 중이었다. 부과된 소득세가 불합리하다고 느꼈기에 세무기관에 전화를 걸어 항의했지만 별 효과가 없었다. 결국 그녀는 참지 못하고 직접 방문하기로 했다.

대머리의 중년 남성인 세무관은 세레나의 방문 이유를 듣더니 매우 거만한 태도로 무조건 안 된다고만 했다. 그는 세레나의 의견을 아예 들을 생각이 없어 보였다. 양측은 5분 정도 팽팽하게 대치했다. 세레나는 자신의 강경한 태도가 세무관의 자존심을 상하게 해서 더 거만한 태도를 보이는 거라고 생각했다. 이래서는 아무런 소득도 없겠다고 생각한 그녀는 화제를 바꿔 부드러운 말투로 이야기했다.

"선생님, 평소에 처리하시는 아주 중요하고 어려운 일에 비하면 제일은 정말이지 발톱의 때만도 못한 작은 일이겠지요. 저도 세금에 관한 책을 읽은 적 있지만 사실 그건 책으로 접했을 뿐이잖아요. 선생님께서 말씀하시는 건 실제 업무를 통해 얻은 살아 있는 지식일 테고요. 제대로 알려면 현장에서 일하시는 선생님 같은 분들에게 배워야죠. 세금에 대해서 이렇게 일목요연하게 설명을 해주시니 정말 대단해요. 부럽습니다!"

신기하게도 이 방법은 효과가 있었다. 세무관은 눈을 크게 뜨고 뒤로 젖혔던 몸을 일으켜 허리를 꼿꼿이 세우고 앉았다. 그는 이후 한참 동안 세레나에게 자신이 어떤 일을 하는지, 어떠한 어려움이 있는지 이야기하고 나중에는 자녀 이야기까지 했다. 세레나는 인내심을 동원해 그의 말을 경청했다. 듣고 또 듣다 보니 어느 순간 세상 사람들은 누구나 자기만의 생활이 있고, 이런저런 고민과 어려움이 있다는 생각이 들었다. 마침내 이야기가 끝나고 헤어질 때, 세무관은 세레나의 세금 문제에 대해 며칠 뒤 처리 결과를 알려주겠노라 했다. 하지만 세레나는 그의 미소 띤 얼굴에서 이미 자신의 목적이 달성되었음을 알았다!

타인에게는 자존심을, 자신에게는 행복을 선사하라! 당신이 호감과 선량함을 드러내는데 상대가 당신을 적대시할 수 있겠는가? 이야기 속의 세무관이 지키고 싶었던 것은 자존심이었다. 그는 세레나가 강경하게 나올수록 자존심을 지키기 위해 자신의 권력을 드러내려고 했다. 하지만 세레나가 먼저 그를 존중하고 인정하자 즉각 논쟁을 멈췄다. 자존심에 큰 상처를 입지 않았다고 생각했기 때문이다.

사람은 큰 바다 위에 떠 있는 외로운 섬이 아니다. 우리는 모두 타인과 어울려 살고 존중을 원한다. 그러므로 존중받고 싶다면 먼저 타인을 존중하고 그들의 자존심을 세워주는 법을 배워야 한다. 진정으로 타인을 존중할 줄 아는 사람만이 언제나 아름답고 겸손하며 자연스레 타인의 존중을 얻는다.

당신의
진정한 가치를
드러내라

지혜란 무엇을 보고도 못 본 척해야 하는지 아는 것이다.
_윌리엄 제임스

누군가에게 용감하다고 말하면 그를 용감하게 만들 수 있다.
_존 애덤스, 미국 제2대 대통령

주인공은 언제나
당신이다

하버드대 성공학 명강의

성공한 사람은 모두 '내 삶의 주인공은 나'라는 인생철학을 가지고 있다. 성공하고 싶다면 타인의 의견에 흔들리지 않고 스스로 삶을 운영해야 한다. 설령 지금의 삶이 파도에 위태롭게 흔들리는 작은 배 같다 해도 방향타를 꽉 잡고 최선을 다해 풍랑을 헤쳐가야 한다.

첫 울음을 터뜨리며 태어났을 때부터 지금까지 당신은 이 세상의 유일무이한 존재다. 부모의 '속편'도 아니고 자녀의 '전편'도 아니며 친구의 '번외편'도 아니다. 주인공은 언제나 당신이다. 자신의 삶을 사는 모든 이는 존경받을 가치가 있다.

중국 현대 문학계에 기인이라고 할 만한 여성이 있다. 바로 싼마오다. 그녀는 머나먼 사하라 사막으로 떠나 이역만리 국경을 넘나들면서 마음 내키는 대로 살았다. 여행자의 천성을 타고난 그녀는 걷고 또 걸었으며, 생각하고 또 생각했다. 그녀는 끊임없이 세상을 받아들이는 동시에 가진 것을 버렸다. 가식은 그녀에게 너무 어려운 일이기에

할 줄 몰랐고, 고독을 두려워하지만 이를 악물고 견뎠으며, 절망 속에 살았지만 절대 타락하지 않았다.

싼마오는 단 한 번도 한곳에 머무르지 않고 항상 동서남북 사방을 가로질렀다. 그래서 현실에서 그녀를 만나는 일은 참으로 어렵다. 그녀는 자신의 글에서만 출현하고 자신이 창조한 세계에서만 등장한다. 누구도 지금 그녀가 어디에서 무엇을 하는지 알 수 없다. 가끔 보도되는 기사는 항상 한발 늦다. 세상을 유랑하는 영혼인 싼마오는 쓰러질 듯 연약하면서 감탄스러울 정도로 강인한 여성이다!

"내 인생의 주인공은 나예요."

이 짧은 문장에서 그녀가 얼마나 진실한 삶을 사는지 알 수 있다. 울든 웃든, 일하든 쉬든 언제나 직접 결정하고 행동한다. 아무도 그녀를 대신할 수 없다!

"타인에게 격려, 조언, 제안, 그리고 사랑을 전달할 수는 있겠죠. 이런 암시는 그들의 삶에 도움이 될 거예요. 하지만 그뿐입니다. 타인의 삶을 대신 살아줄 수는 없죠. …… 타인의 잘못에 크게 신경 쓰지 마세요. 모든 사람이 선하거나 미덕을 발휘할 수는 없으니까요. 히지만 자신의 잘못은 무시하지 마세요. 이거야말로 가장 무책임한 행동입니다. 자신만 생각해서도 안 되고 자신을 버리고 홀대해서도 안 되겠지요. 이 둘 사이의 균형을 유지하려면 용기가 필요합니다. 주인공답게 자유로이 살되, 허락되지 않은 일은 하지 마세요. 이것 역시 용기입니다."

인생이라는 '장기 공연'에서 어떤 역할을 맡겠는가? 주인공? 조연? 모든 것은 당신의 선택에 달려 있다. 당신 삶의 주인공은 언제나 당신이다. 내 삶의 주인공이 되겠다고 나서는 일은 비난받을 일이 아니니,

주위의 눈을 의식할 필요는 없다. 하버드는 학생들에게 언제나 독립성과 자주성을 강조한다.

매일 '내 인생의 주인공은 나'임을 생각하며 살자!

NFL 출범 초기의 명장 빈스 롬바르디는 한때 "미식축구에 대해 잘 알지도 못하고 투지도 부족하다."라는 비판을 받았다.

젊은 시절, 베토벤의 친구들은 그가 바이올린을 켜는 모습을 보고 "절대 작곡가는 못 될 것이다."라고 수군거렸다.

다윈은 아버지에게 의사의 길을 포기하겠다고 말했다가 호된 질책을 받았다. 아버지는 "제대로 된 일을 하지 않고 하루 종일 곤충을 잡고 개나 쥐를 쫓아다니겠다고?"라고 말했다. 훗날 다윈은 자서전에 이렇게 썼다.

'어렸을 때 친구와 선후배들은 모두 내가 지극히 평범했으며 잘하는 일이 하나도 없다고 말했다.'

아인슈타인은 네 살까지 말을 못 했으며 일곱 살이 되어서야 글을 읽기 시작했고, 퇴학을 당한 적도 있다. 친구들은 그의 어린 시절을 이렇게 회고했다.

"아인슈타인은 워낙 둔하고 느려서 잘 어울리지 못했습니다. 그는 하루 종일 온갖 상상을 하며 시간을 보냈죠."

톨스토이는 대학 성적이 형편없어서 자퇴를 권유받았다. 친구들은 그에 대해 "공부 머리도 없고, 흥미도 부족했했다."라고 말했다.

롬바르디, 베토벤, 다윈, 아인슈타인, 톨스토이……. 모두 각 분야에서 위대한 성공을 거두었다. 만약 그들이 다른 사람이 정해놓은 길을 따라 걸었다면, 혹은 환경에 무릎 꿇고 자신의 삶을 포기했다면 과연 성공할 수 있었을까? 그들은 남들이 뭐라고 하든 오로지 자신에게 속한 길을 걸었다. 스스로 주인공이 되어 삶을 이끌어갔고 마침내 성공을 거머쥐었다.

자신의 삶을 사는 사람은 언제나 자신만만하고 능력을 100퍼센트 발휘한다. 이들은 어디에 가든 자신만의 세상을 개척하며 잘 일구어 타인의 인정과 존중을 얻는다. 감정과 마음가짐을 잘 조절하고 자신의 삶을 규범화해서 역량을 발휘하는 사람, 적극적으로 배우고 훈련을 통해 자신을 갈고닦는 사람, 이런 인물만이 성공할 수 있다. 타인이 당신의 삶을 좌지우지하도록 놔두어서는 안 된다.

타인을 바꿀 수는 없지만 자신을 제어하고 발전시킬 수는 있다. 이렇게 되기 위해 노력하는 사람이야말로 현자요, 언제나 충실하고 행복한 인생을 산다.

좋은 이미지가
좋은 기회를 불러온다

이미지는 그 사람의 품격과 생각을 드러낸다. 옷차림, 꾸밈새, 행동거지 등을 통해 좋은 인
상을 남길 수 있다. 온몸으로 긍정과 행복의 에너지를 내뿜는 사람들은 모두 자신의 이미
지를 잘 가꿀 줄 안다.

사회생활에서 이미지는 절대 무시할 수 없는 작용을 한다. '옷이 날
개다'라는 말처럼 옷차림을 비롯한 전체적 이미지는 각자의 신분이나
역할을 드러낸다. 사람들은 이미지를 통해 상대방을 판단하고 그에
따라 다르게 대우한다. 그렇다면 이미지란 무엇일까? 이미지는 용모,
자세, 옷차림, 행동거지 등을 포함한 겉모습으로 사교에 중요한 영향
을 미친다.

심리학자 마이클 아가일은 서로 다른 이미지로 동일한 장소에 출현
했을 때 사람들이 어떠한 반응을 보이는지 실험했다. 아가일이 좋은
양복을 빼입고 거리에 나서자 낯선 사람들이 깍듯하게 예의를 갖추며

길이나 시간을 물었다. 다음 날에는 건달처럼 입고 거리에 나섰다. 그랬더니 그에게 접근하는 사람은 모두 술에 취했거나 돈을 구걸하는 부랑자뿐이었다. 외모로 사람을 판단해서는 안 될 일이지만 눈으로 보이는 이미지의 영향력은 말로 하는 것보다 훨씬 컸다.

어떤 이들은 이미지 따위는 중요하지 않으며 실력만 갖추면 된다고 생각한다. 하지만 아무리 대단한 실력자라도 이미지에 소홀하면 실력을 발휘할 기회조차 얻지 못할 수 있으니 유의해야 한다.

한 구직자가 단추를 잘못 잠근 채로 면접을 보았다. 면접관이 그를 탈락시키자 비서가 이유를 물었다.

"자기 이미지조차 신경 쓰지 않는 사람이 우리 회사에서 뭘 잘할 수 있겠나!"

이미지는 모든 인간관계에서 매우 큰 영향력을 발휘한다. 이미지는 그 사람의 개성과 성실성, 진정성 등을 판단하는 가장 강력한 기준이다.

제니와 로라는 유명 광고 회사의 미술 편집팀에 지원했다. 포트폴리오만 봤을 때 두 사람의 실력은 막상막하였다. 다만, 제니가 다른 회사에서 3년 더 일한 반면, 로라는 경력이 없었다. 회사는 일단 두 사람을 모두 인턴으로 채용한 후, 나중에 한 명만 정식 채용하기로 했다.

제니는 매일 티셔츠와 반바지를 입고, 심지어 맨발에 슬리퍼를 신은 채 출근했다. 또 그녀는 컴퓨터실에 들어갈 때 신발을 갈아 신어야 하는 규정을 따르지 않았다. 누군가 이를 지적하면 "예전 회사에서는 이렇게 안 했는데."라고 투덜댔다. 직장생활이 처음인 로라는 항상 약간의 긴장을 유지하며 일했다. 옷차림은 차분하고 깔끔했으며 화려하지 않지만 센스가 있었다. 예술가 특유의 '자유로운 영혼'을 드러내는 헤어스타일이나 화장도 하지 않았다. 그저 작은 장신구에서 일반 여성과 다른 예술적 감각을 드러냈을 뿐이다. 말투도 아주 상냥했다.

어느 날 점심시간, 사무실에 고약한 냄새가 진동했다. 모두 이 냄새의 근원지를 찾아내려고 했다. 잠시 후 누군가 창틀 아래에 놓인 검은색 비닐봉지를 가리키며 "찾았어, 여기야!"라고 말했다. 놀랍게도 그 봉지 안에는 해물이 가득했다. 그 순간, 직원들은 마치 약속이나 한 듯이 모두 제니를 보았다. 그들은 제니의 태평한 대꾸를 듣고 기가 막혔다.

"아! 진짜 유난스럽네요. 기어코 찾았군요. 그래요! 나예요. 저녁에 먹을 해물을 좀 샀는데 덜 신선한가 봐요."

이때 로라가 대야에 물을 담아 왔다.

"제니, 해물을 어서 여기에 넣어요. 내가 복도 밖에 내놓을 테니 퇴근할 때 싸가지고 가세요."

제니는 붉어진 얼굴로 로라가 시키는 대로 했다.

인턴 기간이 끝나고 제니는 짐을 싸서 나갔다. 사장은 제니의 실력과 경력을 잘 알고 있었다. 하지만 이런 품위 없는 인물을 채용했다가는 직원들의 원망을 들을 것이 뻔했으므로 그녀를 해고했다.

성공하고 싶다면 좋은 이미지로 부족한 점을 메우고 경쟁력을 강화하는 법을 배워야 한다. 좋은 이미지는 당신에게 좋은 기회를 제공해 줄 수 있음을 명심하라.

열등감의 늪에서
빠져나와라

열등감은 잠재 능력을 짓누르는 억압이자 자존감과 명예를 해치는 공포이다. 다른 사람을 바라보기보다 자신을 바라보고 더 사랑해야 잠재 능력을 최대한 발휘하고 자신만의 세계를 열 수 있다.

가난, 고생의 악순환에서 빠져나오지 못하는 사람은 대부분 자신감이 부족하다. 이런 사람들은 마치 풀잎처럼 연약해서 자신이 절대 폭풍우를 견뎌내지 못할 거라고 생각한다. 이것이 바로 그 무서운 '열등감'이다. 열등감이란 스스로 자신을 경시하는 심리다. 그렇다고 열등감이 심한 사람을 결함이 많은 인물로 이해하면 곤란하다. 그들은 실제 상황과 관계없이 자신의 본모습을 기쁘게 받아들이지 못한다. 그래서 늘 남과 비교하며 자신의 처지를 비관하고 한없이 움츠러들기만 한다. 이런 상황이 계속되면 좀처럼 고통을 털고 일어나지 못한다.

열등감 있는 사람은 항상 기분이 가라앉은 상태로 무엇을 해도 우울하기만 하다. 무시당할까 봐 전전긍긍하면서 사람을 만나는 일도 최대한 피한다. 혼자 외롭게 방 안에 처박혀 자기 연민에 빠진다. 또 이들은 우유부단해서 결단력이 없다. 경쟁의식도 없어서 눈앞의 각종 기회를 그냥 흘려보내기 때문에 성공의 기쁨을 누리지 못한다. 또한 게으른 데다 집중력이 부족하여 효율적으로 일 처리를 못 한다. 그럼에도 항상 피로를 호소한다.

열등감이라는 어두운 그림자를 내버려두는 것은 스스로 무형의 족쇄를 채우는 꼴과 같다. 그러니 모든 고통의 시작인 열등감을 없애고 싶다면 반드시 자신을 명확히 인지하고 각도를 바꾸어 세상을 바라보아야 한다.

한 청년이 불의의 사고로 왼손을 잃었다. 삶의 의미를 잃은 가운데 더는 아무것도 할 수 없다 여긴 그는 구걸로 먹고살기 시작했다.

어느 날, 그는 아주 아름다운 정원이 있는 집 앞에 서 있는 여주인에게 돈을 구걸했다. 대부분의 사람은 그를 동정하며 가진 돈을 조금 주었지만 그녀는 돈을 꺼내지 않았다.

"여기 있는 벽돌을 전부 뒷마당으로 옮겨주면 이십 달러를 주죠."

"너무하네요. 내가 손이 하나 없는 게 안 보입니까? 돈을 주기 싫으면 그만이지! 어떻게 나더러 벽돌을 옮기라고 하나요?"

물끄러미 쳐다보던 여주인은 말없이 벽돌 더미로 가서 한 손으로 벽돌 하나를 들었다.

"두 손이 있어야 벽돌을 들 수 있는 것은 아니에요. 보세요. 나도 했잖아요. 당신은 왜 안 되죠?"

청년은 잠시 주춤하는가 싶더니 이내 벽돌을 옮기기 시작했다.

청년은 꼬박 세 시간 만에 벽돌을 모두 뒷마당으로 옮겼다. 땀을 비

오듯 쏟으며 숨까지 헐떡이는 그에게 여주인이 수건을 내밀었다. 그가 땀을 닦으며 숨을 고르자 여주인은 20달러를 건넸다.

"고맙습니다."

"고맙긴요. 당신의 노동에 대한 정당한 대가인데요."

몇 년 후, 점잖게 차려입은 한 남자가 이 아름다운 정원 앞에 섰다. 그는 오른손으로만 벽돌을 날랐던 바로 그 청년이었다. 그날 이후 자기 힘으로 열심히 일해서 성공한 그는 열등감에서 빠져나오도록 도와준 여주인에게 감사를 전했다.

선천적이든 후천적이든 우리는 모두 자신만의 결함을 안고 있다. 이는 우리가 선택할 수 있는 일이 아니므로 그 결함 때문에 움츠러들어서는 안 된다. 결함은 어찌할 수 없지만 마음가짐과 의지는 우리가 제어할 수 있지 않은가! 내가 세상에 태어난 데는 분명 이유가 있다. 지금 이렇게 복잡한 세상에서 원하는 무언가를 하려면 반드시 자신을 긍정하고 신뢰해야 한다. 결함은 바라볼수록 더 크게 느껴진다. 절대 수많은 장점을 두고 결함을 더 크게 키워 열등감에 사로잡혀서는 안 된다.

우리는 모두 스스로 생각하는 것보다 훨씬 더 우수하다. 그러므로 자신을 홀대하거나 경시하지 말고 각종 문제를 해결할 힘이 있음을 믿어라. 자신감 있는 사람만이 승리를 맛볼 수 있고 환희로 가득한 인생을 살 수 있다.

하버드 성공학 명강의 노트

★　★　★

친화력은 상대방을 즐겁게 만드는 마력이 있다.
친화력이 있는 사람 주위에는 언제나 사람이 많다.
특히 성공한 사람의 친화력은 그 역시 평범한 사람과
크게 다르지 않다는 느낌을 주어 상대방을 더욱 편안하게 만든다.
인간관계에서 친화력은 어떠한 위엄이나 권위보다
훨씬 더 강력한 무기다.

PART 4

소통의 달인들은 어떻게 화술학을 이용하는가?

하버드 출신의 유명인사들은 모두 '화술이 출중하다'라는 공통점이 있다. 이는 아마도 하버드가 수백 년간 이어온 엘리트 화술 훈련 덕분일 것이다. 현재 하버드에는 소통 컨설턴트 홀리 위크스, 협상 전문가 맥스 베이저만 등 이 분야의 세계 최고 전문가들이 포진해 있다. 하버드 학생들은 인간관계 심리 검사, 언어 기술 검사 등에서 미국의 타 명문대 학생들보다 월등히 뛰어난 수준을 자랑한다. 독자들은 이 장을 통해 성공적인 연설가, 효과적인 협상가, 부드러운 사교가로 거듭날 것이다.

입은
재물을 만들고,
화술은 운명을 바꾼다

협상에서 가장 결정적으로 작용하는 것은 다름 아닌 말이다.
화술은 협상에서 가장 중요한 기교로, 이를 통해 상대방의 생각과 계획
그리고 그들이 원하는 것을 알아낼 수 있다.

제라드 니렌버그, 하버드 명예 교수 · 협상 전문가

'말할 줄 아는 것'은
'말을 많이 하는 것'보다 중요하다

하버드대 성공학 명강의

화술은 그 사람의 품격과 소질을 드러낸다. 화술을 중시하는 사람은 언제나 도리에 어긋나지 않고, 실력을 갖추었으며 행동에 절도가 있다. 또 이들은 언제나 밝고 상냥하며 여유로우며 무엇보다 나아가고 멈출 때를 잘 안다. 화술이 뛰어난 사람은 말로 자신의 사회경제적 지위까지 끌어올릴 수 있다. 얼마나 매력적인 언어를 구사하는가는 사업과 인생의 성패에 큰 영향을 미친다.

한 사회 안에 살면서 타인과의 대화와 교류를 피할 수는 없다. 말을 잘 못 하는 사람은 분위기를 어색하게 만들 뿐만 아니라, 심지어 자신의 인생을 고생길로 몰고 갈 수 있다.

미국의 한 정치인은 화술이 외국어 능력이나 하버드 졸업장보다 더 중요하다고 말했다. 물고기가 물을 떠날 수 없는 것처럼 현대 사회에서 사람은 언어를 떠나 살 수 없다. 말은 참으로 간단하게 만들어진다. 그저 성대를 울리고 위아래 입술을 움직이기만 하면 된다. 하지만 수준 높고 설득력 있는 말을 하는 것은 그렇게 간단하지 않다. 아름다운 향기를 담은 꽃, 부드러운 음악 같은 말로 상대방을 감동시키기란 여간 어렵지 않다. 카네기의 명언 중 하버드 학생들이 신봉하는 말이 하나 있다.

'성공의 85퍼센트는 인간관계 및 화술 등으로 결정된다. 기술이나 지식은 겨우 15퍼센트에 불과하다.'

그렇다. 현대 사회에서 개인의 성공은 '말하기 실력'에 달렸다. 사업의 성공과 실패는 종종 단 한 번의 대화로 결정되기도 한다. 그래서 뛰어난 화술을 배우고 훈련하는 일은 어느덧 성공의 필수 조건이 되었다. 정말 성공하고 싶다면 단순히 지식만 쌓아서는 안 되며 사람과의 소통을 배워야 한다.

벤저민 프랭클린은 자서전에 다음과 같이 썼다.

젊은 시절에 나는 반드시 지켜야 할 '미덕 리스트'를 쓰고 나 자신과 약속했다. 여기에는 총 열두 가지의 미덕이 적혀 있었다. 그런데 어느 날 한 친구가 나의 말투에서 종종 거만한 태도가 드러나 상대방을 무시하는 것 같다고 지적했다. 나는 친구의 충고를 받아들이고 항상 주의를 기울였다. 그래야만 나의 미래에 더 좋은 영향을 줄 거라고 믿었기 때문이다. 이후 나는 미덕 리스트에 겸손을 추가했다. 그리고 다른 사람의 감정을 상하게 하는 말을 하지 않기 위해 최선을 다했다. 심지어 확정적인 의미의 단어는 아예 쓰지 않기로 했다. 예를 들어 '당연하지', '분명히' 같은 말 대신 '아마', '내 생각에는', '-인 것 같다'를 사용하는 식이었다.

진심이 담기지 않고 성의 없는 말투, 논쟁을 벌이려는 공격적인 말투……. 이런 말투는 상대방의 공감을 얻을 수 없다. 그의 도움이나 협력은 아예 기대조차 말아야 한다. 성공하고 싶다면 어떠한 대가를 치르고라도 반드시 수준 높은 화술을 배워야 한다. 하버드의 한 인류학 교수는 다음과 같이 말했다.

"좋은 나무가 좋은 열매를 맺는다. 말도 나무다. 어떻게 해야 꽃을 피우고 열매를 맺을지, 어떤 방식으로 물과 거름을 줄지 고민해야 한다. 물론 무척 어려운 일이다. 하지만 게을리했다가는 말 때문에 큰 코 다치게 될 것이다."

나무는 뿌리내린 땅을 떠나면 물과 양분을 얻지 못해 곧 말라버린다. 말이라는 이 작은 나무가 뿌리내린 땅은 생각, 지식, 능력, 용기, 의지의 땅이다. 참을성을 발휘하여 이 땅을 세심하게 보호하고 가꾸자. 나무에게 더 많은 물과 양분을 제공해서 하늘까지 닿는 큰 나무로 자라도록 도와야 한다.

벤저민 프랭클린은 말의 나무에 심혈을 기울여 물과 거름을 주고 꽃피워 열매까지 맺게 했다. 특히 일부 단어를 스스로 금지한 것에 주목할 만하다. 이렇게 스스로 단속하며 매일 성실하고 근면한 태도로 화술을 다듬은 덕분에 그의 사업은 휘황찬란한 성공을 거두었다.

구직할 때도, 친구를 만날 때도, 쇼핑을 할 때도 우리는 언제나 말을 해야 한다. 화술의 수준은 품격을 드러내고 그 사람의 미래에까지 영향을 준다. 좋은 직장을 구하고, 유익한 친구를 사귀며, 영업 실적이 상승하고, 승진하는 등 일상의 각종 좋은 일은 대부분 그동안 말을 잘한 덕분이라고 해도 과언이 아니다

뭔가 다르게 말해야
특별한 사람이 될 수 있다

하버드의 교수와 학생들은 모두 말하는 풍격을 중시하며 더 갈고닦기 위해 노력한다. 말하는 풍격이란 어휘를 사용하는 방식의 문제다. 이것은 말하는 사람의 태도와 수양의 깊이를 드러내므로 매우 주의해야 한다.

말하기 고수들은 모두 독특한 무언가로 이목을 끌어 상대방이 자신을 오래도록 기억하게 만든다. 물론 외모의 특징, 예컨대 특이한 수염 같은 것으로도 이목을 끌 수 있지만 이것만으로는 부족하다. 당신이 위인들의 범상치 않은 매력을 갖추지 못했다면 말하는 풍격을 높여야한다. 그러면 상대방이 당신을 영원히 잊지 않을 것이다. 한 인류학자는 말했다.

"말하는 능력은 이름을 떨치는 지름길이다. 그것은 사람을 더욱 빛나게 만들어 군계일학이 되게 한다. 말 잘하는 사람은 언제나 타인의 사랑과 관심을 받는다. 그러면 재능과 지식이 더욱 넓고 깊게 확장되어 더 탁월한 업적을 쌓을 수 있다. 인류 역사에서 성공한 사람들이 거둔 기적의 절반은 화술이 만들어낸 것이다.”

'잔혹하고 거친 동시에 난폭하고 무례하다. 그러면서도 매우 생동
감 넘친다.'

이는 미국 제36대 대통령 린든 존슨의 화법에 대한 평가다. 그의 언
론 담당 비서관 역시 이렇게 말했다.

“그는 재치와 익살 넘치는 말을 할 줄 압니다.”

존슨은 부통령 시절에 비밀 국무회의에서 모두의 동의를 얻지 못하
자 크게 화가 나 보좌관에게 소리쳤다.

“이제야 'caucus(국회비밀회의)'와 'cactus(선인장)'의 차이를 알겠어!
둘 중 cactus만 가시가 밖으로 자라지!”

또 한번은 충성에 대해 이야기하며 다음과 같이 이야기해서 좌중을
깜짝 놀라게 했다.

“나는 백주대낮에 내 엉덩이에 기꺼이 입 맞추는 식의 충성을 좋아
합니다!”

존슨의 유머를 들은 사람들 중 일부는 어쩔 수 없다는 듯이 “원래
시골 출신이잖아!”라고 말했다. 반면, 존슨의 이런 가식 없는 직설적
인 말들을 '매우 공들인 결과'로 보는 사람도 있다. 일부러 이런 말투
를 써서 친근함과 호감을 높이기 위한 고도의 전략이라는 의미인데,
상당히 설득력 있다.

말하는 방식과 대화 기술은 훌륭한 명성이나 거대한 성공을 가져다
줄 수 있다. 말을 잘하려면 자신만의 풍격이 있어야 한다. 섣불리 타인
의 말투를 모방했다가는 오히려 역효과를 불러올 수 있으므로 주의해
야 한다.

그럼에도 늘 성공한 사람이나 유명 연예인의 말투를 따라 하는 사람이 있다. 이처럼 남의 경험이나 방법을 기계적으로 모방하는 사람은 언제나 실패한다. 다른 사람의 기술이나 지식을 따라 배우고 익힐 수는 있어도 말의 풍격까지 따라 하는 것은 정말 말도 안 되는 일이다. 술에 취한 사람이 술 마신 것을 숨길 수 없는 것과 마찬가지니, 듣는 사람이 단박에 알아차릴 게 분명하다.

타인과 대화할 때 어느 정도는 '폼을 잡거나' 보이지 않는 가면을 써야 한다고 생각하는 사람이 있다. 이들은 순수하고 착하게 보이거나 최대한 아름답게 보이려 노력한다. 하지만 모두 진짜 모습이 아니기에 조금만 이야기해보면 상대도 금방 눈치챌 것이 분명하다. 어느 상황에서든 당신은 언제나 당신 자신이어야 한다. 말할 때는 반드시 자신의 자연스러운 풍격을 드러내도록 노력하자.

낡아빠진
표현방식은 버려라

말하기 능력을 향상시키는 가장 직접적이고 효과적인 방법은 독서다. 책 속에서 에너지를 받고 지혜를 얻자. 그러나 작가의 말투를 그대로 따라 해서는 안 된다. 반드시 창의성을 동원하여 자신만의 어휘와 대화방식을 터득해야 한다.

말 잘하는 사람이 되고 싶으면 끊임없이 생각의 범주를 넓히고 지식을 쌓아서 창조적으로 표현하는 능력을 길러야 한다.

영화배우 줄리 앤드류스가 명성 자자한 지휘자 아르투로 토스카니니의 콘서트에 갔다. 모든 프로그램이 끝나고 그녀는 이 위대한 지휘자를 축하하기 위해 다른 유명인사들과 함께 무대 뒤로 갔다. 사람들은 모두 토스카니니를 찬양했다.

"정말 대단했습니다!"

"아주 독특한 해석이었습니다!"

"이제껏 들은 적 없는 수준 높은 연주였습니다."

사실, 토스카니니에게 이런 인사는 너무도 흔한 일상과 같았다. 그래서 감사의 말과 얼굴의 미소는 어딘지 모르게 무척 형식적이고 무성의했다. 그때 우아하고 부드러운 음성이 들렸다.

"정말 미남이시네요!"

고개를 돌려 바라보니 바로 줄리 앤드류스였다. 정신이 확 드는 느낌을 받은 토스카니니는 이 아름다운 배우에게 감사의 인사를 전했다. 나중에 그는 친구들을 만날 때마다 자랑하듯 말했다.

"그녀는 나의 지휘에 대해서는 아무 말도 하지 않고 내가 잘생겼다고만 했어!"

어쩌면 그는 잘생겼다는 말을 처음 들었을지도 모르겠다. 어쨌든 이후 토스카니니는 앤드류스와 막역한 친구가 되었다.

이와세 다이스케는 하버드 경영대학원을 졸업하고 일본 라이프넷 생명보험을 공동 설립했다. 일본 청년의 멘토로 꼽히는 그는 "스스로 길을 개척하면서 생각하고 창조할 수 있는 사람으로 거듭나야 한다. 이런 삶이야말로 의미 있다."라고 말했다. 또 하버드의 중국 고전문학 교수 패트릭 해넌은 "다른 사람의 회고록을 보는 것은 그의 생각을 당신의 머릿속에 남길 뿐이다."라고 했다.

그렇다. 우리 자신의 생각을 출발점으로 삼아야지, 타인의 생각을 그대로 따라서는 안 된다. 책을 읽을 때 작가의 아름다운 문장과 묘사, 서술방식, 유머러스한 어휘 등에 감탄하고 칭찬을 아끼지 않을 수는 있다. 하지만 이를 그대로 베끼거나 작가처럼 말하려고 애써서는 안 된다. 그러면 자신의 입으로 다른 사람의 말을 하는 셈이니, 이는 그의 생각을 복제하는 것에 불과하다.

하버드에서 지능이란 곧 창의성을 의미한다. 창의성은 성공의 중요한 요소 중 하나로, 말의 풍격 역시 이것과 떼어서 생각할 수 없다. 더 많이 생각하고 창의성을 발휘해 말해보자. 상사에게 좋은 인상을 남기겠다는 일념으로 "정말 현명한 결정입니다.", "대단한 생각입니다." 와 같은 말을 한다면 너무 빤하지 않은가! 이런 칭찬은 오히려 성의 없이 느껴질 수 있다. 차라리 상사의 책상 위에 놓인 자녀 사진을 보고 아이가 예쁘다든지, 똑똑해 보인다고 말하는 편이 훨씬 낫다. 그러면 상사는 자신이 칭찬받은 것보다 훨씬 더 기뻐할 것이다. 어떤 상황에서든 창의성을 동원해 똑똑하게 말한다면 생각지도 못한 보상을 얻을 수 있다.

말하기를
연습하라

말하기의 핵심 기능은 바로 소통과 교류다.
위인들의 언어는 모두 매우 유머러스하다.
무미건조하게 말하는 인물과 친하게 지내려는 사람은 없다.

_에카르트 케어, 하버드 언어학 교수

취임 연설을 제대로 하지 못한 사람이 타인의 예우를 받는 경우란 없다.

_델라 브래드쇼, 하버드 경영대학원 교수

진정성으로
마음을 얻어라

오늘날 서로 믿지 않는 심리가 팽배해 있다. 여러 원인 중 하나는 바로 '입으로 하는 말과 본심이 서로 다른' 사람이 많기 때문이다. 쉽게 말해서 마음과 다른 '거짓말'을 하는 사람이 너무 많다. 이런 사람들은 속마음을 감추기 위해 거짓말을 한다. 거짓말하는 사람은 그 악순환의 고리를 빠져나오지 못해 자기가 한 거짓말에 파묻힌다.

'브라운 법칙'은 소통학의 대표적 이론 중 하나다. 이는 미국의 직업 교육 전문가 스티븐 브라운이 고안한 것으로, 상대 마음의 빗장을 풀 열쇠를 찾기만 하면 이것으로 다음 빗장들까지 차례로 해결할 수 있다는 이론이다. 그렇다면 그 열쇠란 무엇일까? 바로 진정성이다.

하버드는 반드시 진정성으로 사람을 대하라고 강조한다. 듣는 사람은 진실하지 않은 말을 귀신 같이 알아차린다. 이래서는 상대를 감동시키기 어렵다. 하버드를 졸업한 수많은 명사가 사교에 능한 까닭은 바로 모교에서 배운 진정성의 지혜를 잘 알고 있기 때문이다.

실직한 지 1년이 넘은 30대 여자가 가까스로 고급 보석점의 판매원

자리를 얻었다. 크리스마스이브, 행색이 남루하고 어두운 표정의 남자 하나가 가게에 들어왔다. 그는 멍한 눈빛으로 말없이 화려한 보석을 주시했다.

그때 가게 전화가 울렸다. 여자는 전화를 받다가 그만 반지를 담은 상자를 엎었고 그 바람에 금반지 여섯 개가 바닥으로 떨어졌다. 깜짝 놀란 그녀는 반지 다섯 개를 주워 담았지만 여섯 번째 반지는 아무리 찾아봐도 없었다.

순간 그녀는 입구 쪽으로 걸어가는 그 남자를 보았고 그에게 마지막 반지가 있을 거라고 직감했다. 그녀는 황급히 쫓아가 막 자동문을 통과하려는 남자를 부드럽게 불렀다.

"실례합니다."

"왜요? 무슨 일입니까?"

그의 표정은 경직되었고 말투는 매우 부자연스러웠다.

"저는 실직한 지 일 년이 넘었습니다. 지난주에 간신히 이곳에 취직했지요. 요즘 일자리를 찾는 것은 정말 어려워요. 그렇죠?"

남자는 그녀를 물끄러미 바라보았다. 그리고 아주 희미하게 미소하더니 말했다.

"그렇습니다. 정말 어렵죠. 하지만 저는 당신이 이곳에서 잘해낼 거라고 생각합니다."

그는 그녀에게 한 발짝 다가서더니 다시 말했다.

"악수를 청해도 될까요? 진심으로 축복을 빌어주고 싶군요."

두 사람은 악수했고, 남자는 돌아서 천천히 가게 밖으로 나갔다.

여자는 그가 보이지 않을 때까지 쳐다보다가 진열대로 돌아가서 손에 쥔 여섯 번째 반지를 원래 자리에 내려놓았다.

여자는 남자를 질책하거나 비난하지 않고도 그가 가져간 반지를 돌려받았다. 진정성을 담은 말로 남자를 감동시킨 덕분이다. 진실은 어떠한 기교도 넘어서는 최고의 무기다. 1858년 에이브러햄 링컨은 경선 중에 말했다. 이 말은 링컨의 좌우명이기도 했다.

"여러 사람을 잠시 속일 수 있고 일부 사람을 잠시 속일 수는 있어도, 그 모두를 영원히 속일 수는 없습니다."

제2차 세계대전 중 일흔 살 가까이 된 처칠은 반파시스트 전쟁에 지지를 호소하는 연설문을 비서에게 불러주며 클라이맥스 부분에서 실제로 눈물을 흘렸다. 진정성을 담은 그의 연설은 영국 국민을 감동시켰고 온 나라가 반파시스트 전쟁의 투지를 불태우게 만들었다.

다음은 하버드 졸업식장에서 한 학장이 진정성에 대해 한 말이다.

"말이 진실하지 않고 화려하기만 하면 열매 없는 꽃에 불과합니다. 진심과 열정이 부족한 말은 마치 복제된 것 같은 느낌이 들죠. 청중의 귀를 속일 수는 있어도 그들의 마음까지 속일 수는 없습니다. 그러므로 말할 때는 언제나 솔직한 마음으로 탁 터놓고 이야기해야 합니다. 친근한 말투와 격정 어린 어조는 전하고자 하는 내용을 더욱 충실히 전달할 수 있죠. 당신이 하는 말 한 마디, 한 마디가 모두 듣는 사람의 마음을 흔들어놓을 수 있습니다."

진정성 있는 사람은 언행이 일치하고 거짓이 없으며 앞뒤가 다르지 않다. 말만 번드르르하고 뒤로는 다른 꿍꿍이가 있는 사람이야말로 소인배다. 이렇게 살면 자신도 힘들고 괴롭다. 솔직담백하게 진실한 마음으로 사람을 대해야만 당신이 하는 말과 일이 모두 신뢰를 얻을 수 있다.

보이지 않는 곳에서
칭찬하라

하버드대 성공학 명강의

모든 사람은 칭찬을 갈망한다. 현명한 사람은 보이지 않는 곳에서 간접적으로 칭찬하는 방식으로 상대의 갈망을 만족시킨다.

칭찬을 싫어하는 사람은 없다. 칭찬은 상대를 춤추게 만들고, 딱딱한 분위기를 부드럽게 만들며, 호감과 친근감을 발생시켜서 성공적인 교제를 유도한다. 특히 칭찬은 직접적으로 하는 것보다 간접적으로 하는 편이 훨씬 효과적이다. 당사자가 없는 곳에서 한 칭찬은 빠른 속도로 그에게 전달될 테니 효과가 없을까 봐 걱정할 필요는 없다. 사교에 칭찬을 잘 활용하는 사람은 언제나 보이지 않는 곳에서 칭찬한다.

얼굴을 보고 직접 하는 칭찬은 종종 아부나 거짓이라는 오해를 받는다. 반면, 간접적인 칭찬은 훨씬 진정성 있게 여겨진다. 만약 직장에서 상사의 면전에 대고 좋은 말을 했다면 동료들은 분명 당신을 아첨꾼으로 보고 경멸할 것이다. 심지어 칭찬받은 상사도 당신을 말만 번

드르르한 위선적인 사람으로 볼 수 있다. 분위기를 좋게 하려고 건넨 칭찬이 역효과를 내는 셈이다. 그러면 어떻게 해야 할까? 상사가 없을 때 동료들과 이야기 중에 자연스럽게 칭찬하자. 당신이 한 말은 반드시 상사의 귀에 들어가게 되어 있다.

누구나 칭찬을 좋아한다. 설령 어느 정도 아부가 섞여 있다고 해도 기분이 좋다. 다시 말해 칭찬은 상대방의 호감을 얻고 환심을 사는 가장 좋은 방법이다. 정도가 너무 지나치지만 않으면 말이다. 칭찬은 매우 오묘한 기술로, 그 방법이 무궁무진하다. 그중 가장 쉽고 효과적인 방법은 직접 하지 않고 제삼자를 통해 칭찬하는 것이다.

제삼자에게 다른 사람을 칭찬하면 말이 돌고 돌아 당사자에게 들어갈 것이다. 그러면 그는 당신의 진정성을 느낄 뿐, 다른 꿍꿍이가 있을 거라고 의심하지 않는다. 이 방법은 직접적인 칭찬보다 훨씬 효과적이며 더 큰 만족과 신뢰를 줄 수 있다.

성공한
사람처럼
말하라

상류사회에서 매력적인 언어는 그 사람을 가장 빛나게 하는 가치다.
상대방을 기분 좋게 만드는 요소는 멋진 외모가 아니라 매력적인 언어다.

_로버트 K. 머튼, 하버드 사회학과 교수 · 사회학자

당당하게 교류하라

하버드대 성공학 명강의

이 시대에서 성공하고 싶다면 반드시 넓고 다양한 인맥을 잘 활용할 줄 알아야 한다. 많은 친구를 사귀고 그들에게 좋은 인상을 남기려면 수줍어하는 기색을 벗어던지고 자신감 있는 태도로 솔직담백하게 이야기해야 한다. 당당하고 호방한 태도로 교류해야만 좋은 인맥을 쌓을 수 있다.

하버드의 심리학자 스탠리 밀그램은 1967년에 '6단계 분리 법칙'을 발표했다. 이 이론에 따르면 당신과 당신이 만나고 싶은 사람 사이에는 단 여섯 명만 있다. 예를 들어 지금 당신은 빌 게이츠와 일면식도 없지만 단 여섯 명만 거치면 그와 연락할 수 있다!

독일의 프랑크푸르트에 터키식 스테이크 식당이 하나 있다. 이곳은 테이블도 몇 개 되지 않는 작은 곳이었지만 음식이 워낙 맛있어서 장사가 잘되었다. 한 기자가 식당 사장과 한가롭게 이야기를 나누며 식사를 하고 있었다. 마침 가게 한쪽에 놓인 텔레비전에서는 말론 브란도가 출연한 영화 〈돈 쥬앙〉이 방영 중이었다. 사장은 혼잣말처럼 중얼거렸다.

"죽기 전에 말론 브란도에게 내가 만든 스테이크를 대접할 수 있다면 얼마나 영광일까! 그는 내가 가장 좋아하는 스타야!"

기자는 농담처럼 사방에 연줄을 대면 말론 브란도와 연락할 수 있을 거라고 말했다. 사장은 말도 안 되는 소리라고 웃었지만 몇 개월 후, 여섯 명도 안 되는 사람을 통해 말론 브란도와 인맥을 쌓는 데 성공했다!

사장의 친구 중에 캘리포니아에 사는 친구가 있었는데 이 친구의 동료가 영화 〈돈 쥬앙〉의 제작자의 여자 친구의 의자매의 남자 친구였던 것이다. 정말 좁은 세상 아닌가!

누군가를 만나 이야기를 나누고 사교 활동을 할 때 항상 진심을 다해 성실하게 대해야지, '다시 볼 일 없겠지' 같은 태도여서는 안 된다. 또 부끄러워서 입도 열지 못하며 쭈뼛거리는 태도도 좋지 않다. 지금 당신과 이야기를 나누는 모든 사람이 머지않은 미래에 당신이 꿈을 실현하는 데 필요한 다리를 만들어줄지도 모르기 때문이다. 버락 오바마의 친구 중 한 명은 그를 이렇게 평가했다.

"그가 부끄러워하는 모습은 본 적이 없어요. 누구를 만나든 언제나 호탕하고 친절하죠."

오바마가 미국 대통령으로 당선된 후, 미국에는 '오바마 열풍'이 불었다. 오바마의 열렬한 지지자들은 자신의 영웅이 즐겨 먹는 음식을 먹고, 그의 스타일로 옷을 입었다. 무엇보다 이전의 자신감 없고 억눌린 태도에서 벗어났다. 그들은 오바마처럼 당당하고 개방적으로 자신을 표현하며 솔직히 탁 터놓고 이야기했다. 용감하게 자신의 목소리를 내기 시작한 것이다.

남녀 사이에서는 수줍고 어색해하는 모습이 좋아 보일지도 모른다. 그러나 사교와 사업에는 전혀 도움이 되지 않는다. 아니, 오히려 심각한 걸림돌이 될 수 있다. 다행히 이런 태도는 노력으로 극복할 수 있다. 잎사귀에 손만 대도 수줍은 소녀처럼 고개를 떨어뜨리는 미모사처럼 행동했다가는 타인의 인정과 존중을 얻어낼 수 없다. 당당하게 지식과 능력을 드러내고 직업, 신분, 연령, 성별, 인종을 따지지 않으면서 모든 사람과 순조롭게 소통할 수 있어야 한다.

만약 오바마가 내성적이어서 자신을 표현하지 못했다면, 쭈뼛거리며 대중 앞에서 자신의 생각을 제대로 전달하지 못했다면 어떻게 비범함을 드러내며 대통령에 당선되었겠는가?

현대 사회에서는 일상생활의 그 어디에서든 내면의 생각을 당당하게 말하는 사람이 훨씬 주목받고 호감을 얻는다. 그러므로 혹시 부끄러움이 많은 사람이라면 반드시 자신을 바꾸어 담대히 입을 열고 행동하는 법을 연습해야 한다. 그렇게 할 때 성공을 현실화할 수 있다.

부드럽게 돌려 말하라

지금 삶이 무료하고 힘들다면 당장 해결 방법을 찾아야 하는데 다행히 그리 어렵지 않다.
좀 더 부드럽고 완곡한 말솜씨만 갖추면 된다. 탁월한 말솜씨를 갖춘 사람은 어디에서나
타인의 환영과 사랑을 받을 수 있다. 돌려 말하며 문제의 정곡을 찌르는 화술은 각 분야의
리더가 필수적으로 구사하는 기술이다.

살다 보면 직진하기보다 조금 돌아가는 게 더 나을 때가 있다. 말도
그러하다. 부드럽게 돌려서 전하는 말, 함축적 표현을 잘 구사하는 것
은 정말 귀한 재능이다. 어색하고 서먹한 분위기를 없애고, 직접 말했
다가 생길 수 있는 각종 문제를 없애는 데 무척 효과적이기 때문이다.

수많은 지도자, 기업가 및 사회 각 분야의 유명인사는 모두 뛰어난
말솜씨로 승승장구한다. 말솜씨는 그 사람의 능력을 가늠할 척도이자
현대 사회에서 반드시 필요한 생존 기술 중 하나다.

하버드 경영대학원을 졸업한 조지는 광고 회사의 CEO다. 직원들은
그가 말이 많지 않지만 필요할 때 적절하게 말할 줄 아는 사람이라고

평가한다.

어느 날 조지는 비서가 올린 업무 서류에 구두점이 엉망으로 사용된 것을 발견했다. 그가 부드럽게 말했다.

"오늘 의상이 아주 멋지군요."

비서는 생각지도 못한 칭찬에 어찌할 바를 몰라 했다. 평소 웬만해서는 말을 하지 않는 과묵한 그의 성격을 생각한다면 엄청난 찬사임이 분명했기 때문이다. 조지는 곧 이어서 한마디 더 덧붙였다.

"그리고 다음부터 서류를 작성할 때 구두점 사용에 신경을 써봐요. 그러면 더 멋있을 것 같군요!"

탁월한 말솜씨는 일종의 지혜다. 하버드 경영대학원 교수 헤더 램프리드먼은 말했다.

"영혼과 대화할 수 있어야 신과 이야기를 나눌 수 있다. 그리고 영혼과 신을 넘나들며 말할 수 있는 사람만이 성공한다."

프리드먼의 말은 탁월한 말솜씨가 그 사람의 성공 여부에 얼마나 큰 영향을 미치는지 설명한다. 나무랄 데 없는 말솜씨는 사람과 사람 사이를 즐겁고 편하게 만들어주며 관점과 태도를 자연스레 드러낸다.

현대 중국의 저명한 문학가이자 학자인 첸중수는 고독을 즐기는 사람이었다. 그는 혼자 농사를 지으며 살면서 공부하고 방문객을 사양했다. 그가 가장 두려워한 것은 단 하나, 외부에 알려지는 일이었다. 특히 신문이나 TV에 자신의 이름이 언급될까 봐 늘 걱정이었다. 그런데 그의 작품 『위성』이 재출간되면서 국내외에서 엄청난 반향이 일어났다. 수많은 언론 매체가 사방으로 줄을 댈 때 인터뷰하려고 했지만 첸중수는 고집스럽게 모두 거절했다. 하루는 영국 언론인이 그에게 전화를 걸어 한 번만 만나 작품에 대해 이야기를 하고 싶다고 간청했다. 첸중수가 아무리 거절해도 물러서지 않았다. 하지만 첸중수는 아주 적절한 말로 결국 부드럽게 거절하는 데 성공했다.

"달걀 하나를 맛있게 먹었으면 그걸로 되었지, 어찌 달걀을 낳은 어미 닭까지 만나려 하십니까?"

첸중수는 유머러스하면서도 이치에 맞는 말로 불필요한 오해 없이 상대의 요청을 거절해 대가의 여유로운 풍모를 보였다.

말솜씨는 기술이자 예술이다. 탁월한 말솜씨는 당신의 인간관계를 더욱 순조롭게 만들어줄 보석이다. 연습을 통해 말의 기교를 갖춘다면 당신이 하는 일은 모두 순풍에 돛 단 듯 순조롭게 나아갈 것이다.

자신감 있게 말하라

대중 앞에서 말하기 전에 전신의 힘을 빼고 크게 심호흡을 하자. 숨을 내뱉을 때 조금씩 힘을 더하면 마음이 차분해질 수 있다. 미소 역시 긴장을 완화하는 데 효과가 크다. 또 평소에 호흡을 조절하고 빠르고 재치 있게 반응하는 연습을 해두면 좋다.

미국 시인 에머슨은 말했다.

"자신감은 성공의 첫 번째 비결이다."

실제로 성공의 크기는 자신감의 강약과 불가분관계이다. 그렇다면 어떻게 해야 자신감 넘치게 말할 수 있을까? 우수한 심리적 소양을 바탕으로 열등감을 극복하고 자신을 믿어야 한다.

필리핀의 전 외무장관 카를로스 로무로는 신발을 신어도 키가 163센티미터에 불과해 같이 서면 부인보다도 훨씬 작았다. 하지만 그는 특유의 자신감을 바탕으로 외무장관으로서 주어진 업무를 훌륭히 해냈다. 그는 어디서 누굴 만나든 항상 넘치는 자신감으로 전 세계의 주목을 받았다.

프랭클린 루스벨트는 무려 네 번이나 대통령직을 연임하였다. 그는 국민을 이끌고 대공황이라는 길고 긴 늪에서 빠져나왔으며 반파시스트 진영에 적극 참가해 제2차 세계대전에서 승리했다. 이처럼 자국뿐 아니라 전 세계를 종횡무진하며 '교통 정리'에 힘쓴 루스벨트는 뜻밖에도 장애인이었다. 그는 열등감을 극복하고 자신감을 드러내며 일반인은 상상할 수도 없는 각종 고난과 싸워 이겼다.

고대 그리스의 철학자 세네카는 "어려운 일이어서 자신감을 잃은 것이 아니라 자신감이 부족하기에 어려운 일이 된 것이다."라고 말했다.

하버드 화술학 강의는 '청중을 채무자라고 생각하면서 말하라'라는 재미있는 방법을 제시한다. 돈을 빌려간 사람이 며칠만 더 말미를 달라고 간청하는 상황을 머릿속에 떠올린다면 채권자, 즉 말하는 당신은 두려울 것이 없다. 무대에 올라 연설해야 되는데 '나는 말솜씨가 없다, 애초에 말하는 재능이 없이 태어났다, 사람들은 내 목소리를 듣기 싫어한다' 등의 생각이 머릿속에 머물러 있다면 자신감이 생길 리 없다. 이때 '채권자의 전략'을 이용해서 어깨를 확 펴고 자신을 믿어보지!

하버드 출신의 이카이 캐피털 CEO 왕란은 중요한 회의 전 자신감을 끌어올리는 방법을 이렇게 소개했다.

"나는 거물급 고객을 만나기 전에 혼자 조용히 앉아서 과거의 행복했던 일을 떠올립니다. 예를 들어 아이가 처음으로 걸었을 때나 아름다운 연주를 들었을 때처럼 구체적 상황을 생각하고 그때의 기분을 다시 한 번 느끼려고 애쓰죠. 그렇게 기쁨과 환희의 감정이 최고조에 달하면 세상의 모든 것을 가진 사람처럼 당당하게 회의실로 들어갑니다. 고개를 들고 가슴을 펴고 경쾌한 발걸음으로요. 마치 모든 일은 내 손바닥 안에 있다는 듯이!"

자신감이 없는 사람은 힘없이 가느다란 목소리에 어딘가 모르게 서두르는 느낌으로 말한다. 따라서 적당한 음량과 담담한 어조, 느리지도 빠르지도 않은 속도로 말하려고 노력해야 한다. 호흡을 조절해 강약을 타면서 물 흐르듯이 말해보자. 이런 말투는 자신감을 드러내고 상대방에게 신뢰감을 준다. 한 가지 덧붙이자면, 사실을 진술할 때는 말을 질문으로 마무리해서 확신이 없다는 인상을 주면 안 된다.

스스로 자신감이 없다고 생각하는 사람은 평소 다양한 활동에 참가해서 많은 사람과 접촉해보자. 그러면 부끄러움과 공포를 없애는 데 큰 도움이 될 것이다. 세상에 완벽한 사람은 없다. 누구나 약점과 결함이 있으니 자신만 세상 문제를 다 뒤집어쓴 것처럼 슬퍼할 필요 없다. 기억하자. 입도 제대로 못 여는 이와 함께 일하거나 친하게 지내려는 사람은 없다.

작은 목표를 정하고 달성할 때마다 자신에게 선물하는 것도 좋은 방법이다. 이런 식으로 스스로 격려하면서 즐거움을 느끼고 자신감을 키울 수 있다.

말에도
정도가 있다

사람은 누구나 '관심'을 갈망한다.
사람들은 모두 자신에게 관심을 보이는 이와 접촉하기를 바란다.
타인을 어떻게 대하느냐에 따라 그들이 당신을 대하는 방법도 결정된다.

홀리 위크스, 하버드 소통 전문가

25초 안에 상대가 기대하는
진정성, 신뢰도, 호감도를 만족시켜서 자신을 각인시켜야 한다.
이것은 성공하려는 사람들이 반드시 해내야 하는 최대의 도전이다.

케네스, 하버드 심리학자

고차원으로 말하라

하버드대 성공학 명강의

우리는 다른 사람과 대화를 나누면서 서로를 이해하고 호감과 신뢰를 주고받는다. 이렇게 되려면 반드시 정도를 지켜 고차원으로 대화해야 한다. 시간의 정도, 끼어들기의 정도, 강약의 정도, 태도의 정도……. 이런 다양한 정도를 지킨다면 좋은 분위기 속에서 대화의 목적을 쉽게 달성할 수 있을 것이다.

스스로 오지에 고립되지 않는 바에야 누구나 반드시 사회라는 테두리 안에서 사람들과 만나고 함께 일하며 살아야 한다. 그렇게 하려면 입술과 혀를 움직여 말하지 않을 수 없다. 우리는 말을 통해 정보를 전달하거나 감정과 생각을 소통한다. 하지만 안타깝게도 말하는 것은 그리 녹록한 일이 아니어서 말 한마디로 환하게 웃을 수도, 한없이 고통스러울 수도 있다. 현대 사회는 경쟁과 합작의 사회다. 경쟁에서 실패하는 사람도 있고, 합작해서 성공하는 사람도 있다. 왜 이렇게 서로 다른 결과가 발생할까? 그 비밀은 무엇일까? 바로 말의 정도를 지키는 것이다!

성공하고 싶다면 반드시 정도를 지켜 고차원으로 말할 줄 알아야 한다. 그럴 때 개인의 매력이 향상될 뿐 아니라 성공으로 나아가는 기회를 얻을 수 있다. 말할 수 있는 것과 말할 줄 아는 것은 다르다. 또 말할 줄 아는 것은 고차원으로 말하는 것과 다르다. 충분한 수양과 훈련을 통해 고차원으로 말하는 수준에 오른다면 '말 한 마디로 천 냥 빚을 갚는' 효과를 얻을 수 있다.

13세기 이탈리아의 시인 단테는 어느 날 베니스 집정관의 연회에 참석했다. 시종들은 여러 지역 사절에게 각각 크고 통통한 생선으로 만든 화려한 요리를 내왔다. 하지만 단테 앞에 놓인 접시에는 작고 마른 생선 몇 마리뿐이었다.

노골적인 무시와 경멸을 눈치챈 단테는 크게 분노했지만 즉각 화를 내지 않았다. 대신 접시 안의 작은 생선을 한 마리씩 들어 올려 귀 가까이에 대었다가 잠시 후에 다시 내려놓는 일을 반복했다. 그 모습을 본 집정관은 단테에게 말을 걸었다.

"뭐라고 하던가요?"

"몇 년 전에 절친한 친구 한 명이 바다를 건너다 죽어 해장(海藏)했습니다. 저는 그가 바다 아래에서 편안히 있는지 궁금했습니다. 그래서 물어보았죠. 혹시 친구의 소식을 알지도 모르니까요."

"그래서 친구의 소식을 들었습니까?"

"아! 아직 어려서 옛날 일에 대해 아는 것이 없다고 하더군요. 하지만 큰 물고기들에게 물어보면 알 수 있을 거라고 했습니다."

단테의 말을 들은 집정관은 그의 의도를 빠르게 이해하고 서둘러 사과했다. 그리고 시종에게 살이 통통한 생선 요리를 가져오라 명했다.

단테는 자신의 불만을 매우 재치 있고 함축적으로 전달했다. 그는 집정관을 자극하지 않으면서도 신사적으로 원하는 바를 이루어냈다. 다른 이의 호감을 얻고 싶다면 다음의 정도를 지켜야 한다.

첫째, 너무 과장하거나 상식을 벗어나서는 안 된다.

모든 사람과 사물, 일에는 존재의 이유와 각각의 상황이 있다. 이를 무시하고 상식을 벗어나 과장하여 말하면 꼬투리를 잡히기 쉽다.

영업 사원 두 명이 똑같은 양말을 판매했다. 영업 사원 A는 손님들 앞에서 양말 한 짝을 높이 들더니 라이터 불꽃이 양말 끝을 살짝살짝 스치도록 했다. 양말은 불이 붙지 않았을 뿐 아니라 아무런 손상도 없었다. 손님들이 좋은 반응을 보이자 신이 난 그는 양말을 하나씩 쥐어주며 얼마든지 살펴보라고 권했다. 그때 한 고객이 라이터를 켜더니 양말에 가까이 대보려고 했다. 화들짝 놀란 그는 허둥대며 말했다.

"아니, 그게…… 양말이 타지 않는다는 말이 아닙니다. 저는 그냥 통기성이 얼마나 좋은지 보여드리려고 했어요."

그의 당황한 모습을 본 손님들은 실망해서 떠났다.

영업 사원 B는 철저히 과학에 근거해서 설명했다.

"어떻게 절대 불이 안 붙는 양말이 있겠습니까? 대신 우리 양말은 통기성이 아주 좋습니다. 또 미리 말씀드리지만 오래 신거나 마찰이 심하면 언젠가는 구멍이 날 거예요. 쇠도 닳지 않습니까?"

그의 솔직한 상품 소개는 트집 잡기를 좋아하는 까다로운 손님까지 만족시켰다. 또 그는 손님들에게 양말을 쥐어주며 구매 혜택을 상세히 설명해서 손님들의 마음을 사로잡았다. 당연히 그는 A보다 훨씬 더 많은 양말을 팔았다.

둘째, 절대적인 것은 없다.

모든 문제는 상대적으로 사고해야 한다. 어쩌면 아인슈타인의 '상대성이론'을 인간 심리에도 적용할 수 있을지 모르겠다. 사람들은 절대적인 것을 배척하는 심리가 있다. 그러므로 설령 당신이 무언가를 완벽하게 알고 있더라도 너무 단정적으로 이야기해서는 안 된다. 그랬다가는 괜히 트집을 잡히는 등 불필요한 공격을 받을 수 있기 때문이다. 트집이란 아무리 철통같이 방어해도 마음만 먹으면 얼마든지 잡을 수 있다. 상대방에게 트집 잡힐 빌미를 제공하느니 말을 조금 더 완곡하게 하는 편이 낫다.

셋째, 부드럽게 말해야 한다.

대화를 할 때는 부드럽게 말하는 데 주의를 기울여야 한다. 말을 너무 직설적으로 하면 상대방을 자극해서 원하는 바를 이룰 수 없다. 부드러운 말로 돌아갈 여지를 남겨두고 대화해야 좋은 분위기 속에서 대화의 목적에 도달할 수 있다.

말하기 전에
먼저 상대방을 바라보라

하버드대 성공학 명강의

지혜가 뛰어난 사람과 대화할 때는 자신을 낮추고 경청해야 한다. 괜히 나서서 말을 많이 했다가는 자신의 허술한 구석을 들킬 수 있기 때문이다. 우매한 사람과는 많은 말을 할 필요가 없다. 아무리 오묘한 진리와 훌륭한 생각을 이야기해봤자 시간 낭비이기 때문이다. 또 도리를 모르는 사람과는 그냥 편하게 앉아 한바탕 헛소리를 지껄이면 된다. 어차피 말도 안 통할 테니 잠시나마 머리를 쉬게 한다고 생각하자.

화살을 쏘려면 먼저 과녁을 봐야 하고, 연주하기 전에는 먼저 청중을 봐야 한다. 매일 하는 일이라도 어떤 상황에서 무엇을 향해 하는지에 따라 서로 다른 전략을 택해야 하는 법이다. 말도 마찬가지다. 상대와 상황에 따라 똑같은 일도 서로 다른 언어로 표현해야 한다.

우리는 매일 누군가와 대화한다. 이런 대화는 언제나 '쌍방통행'이어야지 '일방통행'이어서는 안 된다. 중요한 협상이든 편한 친구와의 수다이든 언제나 화자와 청자가 있다. 당신이 만나는 청자는 지위, 신분, 성격, 취미, 학력 등에서 무척 다양하다. 그러므로 화자는 하고 싶은 말을 가감 없이 내뱉어서는 안 되며 반드시 청자의 상황에 근거해서 그에게 가장 적합한 언어로 표현해야 한다. 그래야만 청자가 화자에 더욱 집중하고 효과적으로 이해할 수 있다. 청자를 고려하지 않고 말하는 것은 마치 과녁을 보지 않고 활을 쏘는 것과 같다. 이래서는 대화의 목적을 달성할 수 없다.

어느 날, 공자가 제자 몇 명과 함께 유람을 떠났다. 한 마을에 도착한 공자 일행은 나무 그늘 아래에 앉아 음식과 물을 먹으며 휴식을 취했다. 그런데 고삐 풀린 공자의 말이 마을 주민의 밭에 들어가 콩 싹을 먹기 시작했다. 화가 난 농부는 말을 잡고는 돌려줄 수 없다고 버텼다.

이에 공자가 가장 아끼는 제자 자공이 나섰다. 언변이 좋기로 유명한 그는 천하의 온갖 군자와 소인 이야기를 동원하며 화해를 청했으나 한참을 설득해도 소용없었다. 애초에 농부는 그가 무슨 말을 하는지 전혀 이해하지 못했다.

그때 공자의 문하에 들어온 지 얼마 되지 않은 제자가 나섰다. 그는 학식과 재주를 따지자면 자공에 한참 뒤졌지만 용기를 내 농부에게 다가갔다.

"당신은 동해에서 농사짓지 않고, 우리도 서해에서 경작하지 않습니다. 이처럼 서로 사이가 멀지 않으니 언젠가는 당신의 소가 우리 밭에 들어와 농사를 망칠지도 모르는 일 아닙니까? 그러니 우리 서로 양보하는 편이 낫지 않겠습니까?"

농부는 그제야 말을 내주었다. 옆에서 구경하던 주민들은 모두 입을 모아 이야기했다.

"말을 저렇게 해야지! 아까 그 사람은 무슨 말을 그리 알아듣지도 못하게 하는지 원!"

아무리 이치에 맞는 말이라도 청자의 인정을 받지 못하면 소용없다. 경력 많은 영업 사원들이 즐겨 하는 말이 있다.

"사람을 만나면 사람의 말을 하고, 귀신을 만나면 귀신의 말을 하고, 사람도 귀신도 아닌 것을 만나면 헛소리를 하라."

똑같은 상품을 판매하더라도 고객에 따라 말하는 방식을 바꾸어야 한다는 의미다.

각국의 사업가들이 유람선에서 파티를 즐기고 있었다. 분위기가 한창 무르익었을 때쯤 배가 갑자기 크게 요동쳤다. 뜻하지 않은 암초에 유람선이 부딪힌 것이었는데, 이 사고로 말미암아 배가 서서히 가라앉기 시작했다. 선장은 1등 항해사에게 명령했다.

"전원 구명조끼를 입히고 바다로 탈출시켜라!"

몇 분 후, 1등 항해사가 달려와 선장에게 보고했다.

"아무도 뛰어내리려 하지 않습니다!"

"내가 직접 가야겠군!"

갑판으로 달려간 선장은 약간의 노력 끝에 사업가 모두를 바다로 뛰어들게 만들었다. 모두가 배에서 탈출한 뒤, 1등 항해사가 선장에게 물었다.

"대체 어떻게 저들을 설득하신 겁니까?"

"영국인에게는 바다에 뛰어내리는 것이 일종의 스포츠라고 말했고, 프랑스인에게는 이것이 매우 독창적인 놀이라고 했지. 독일인에게는 절대 장난이 아니니 안심하라고 했어. 그리고 러시아인 앞에서는 진지하게 말했어. 이 일은 매우 은밀하고 중요한 계획이라고 말이야!"

"미국인은요?"

"아! 미국인은 정말 쉬웠어. 우리 배가 보험에 가입되어 있다고 말했을 뿐이야!"

이야기 속의 선장은 청자에 따라 말하는 방식을 달리하여 목적을 달성했다. 말할 때는 언제나 상대의 개성을 구체적으로 분석해서 말하는 방식을 선택해야 한다. 교만하고 무례한 사람에게는 간결하고 힘 있게 말하는 편이 좋다. 물론 이런 사람과는 대화를 나눠봤자 득 될 것이 없으므로 아예 말을 섞지 않는 편이 제일 좋다. 과묵한 사람에게는 괜히 빙빙 돌리지 말고 핵심을 간결하게 말하도록 한다. 의심 많은 사람에게는 다양한 자료를 보여주며 말한다. 또 신중한 사람에게는 내용을 몇 부분으로 나누어 설명하고, 행동이 굼뜬 사람에게는 참을성 있게 천천히 설명해야 한다. 이런 식으로 해낼 수만 있다면 당신은 어디서나 환영받는 화자가 될 것이다.

상대방의 아픈 곳을
들먹이지 마라

말하기를 잘하는 사람은 평소 관찰력이 좋다. 상대의 아픈 곳을 건드리지 않으려면 평소 세심히 관찰하고 상황을 파악해두었다가 대화할 때 그 비슷한 주제까지도 아예 배제해야 한다. 그래야만 진정으로 소통하고 좋은 인연을 이어갈 수 있다.

격없이 진솔하게 말하라 했다고 입에서 나오는 대로 막 해서는 안 된다. 그랬다가는 의도하지 않은 커다란 문제에 빠질 수 있다.

매사에 긍정적이고 낙천적인 사람은 유머러스하게 자신을 낮추거나 신체적 결함을 소재로 농담을 구사할 수도 있다. 하지만 이 또한 듣는 사람의 기분을 상하지 않게 하는 방법으로 해야 한다. 다른 사람도 아니고 내 이야기인데 누가 뭐랄 수 있겠냐고 생각해서는 안 된다. 아무리 자신의 이야기라도 듣는 사람이 거북해하면 분위기가 어색해질 수밖에 없다. 또한 반드시 자기 이야기만 해야지, 상대의 아픈 곳을 건드려서는 안 된다. 다른 의도가 없는 농담이라고 해도 분별없이 했다가는 '말하는 사람은 아무 생각이 없고 듣는 사람은 엄청 기분이 나쁜'

상황이 발생한다. 그러므로 평소 꼼꼼히 살피고 관찰해서 상대방의 아픈 곳을 피해 대화를 진행해야 한다. 그래야 좋은 분위기 속에서 진심으로 소통하며 상대에게 좋은 인상을 남길 수 있다.

친한 사람일수록 서로의 아픈 곳을 잘 안다. 그런데 상대의 아픈 곳을 까발리고 심지어 공개적으로 알리는 것을 즐기는 사람들이 있다. 이들은 상대방이 당황하는 모습을 보면서 쾌감을 느낀다. 가장 가까운 사이여야 할 부부 사이에서도 이런 일이 비일비재하다.

"여자들은 그저 결혼 잘하는 게 최고야. 당신도 나랑 결혼하지 않았으면 이렇게 편히 못 살았을걸?"

"대학 졸업장으로 유세하지 마요. 무슨 대단한 거라고! 그냥 돈만 주면 다들 가는 대학이잖아요!"

"우리 남편은 사람들 앞에서나 점잖은 체하지, 집에서는 아무것도 아니에요. 닭이 짖는다고 가르쳐주면 그런 줄 알고, 개가 기어 다닌다고 하면 그런가 보다 하는 사람이죠. 미련하기가 꼭 큰 곰 같다니까요!"

이런 말들은 상대방의 자존심을 건드리고 깊은 상처를 남긴다. 그럼에도 굳이 이런 말을 하는 까닭은 이를 통해 스스로 우월감을 느끼기 때문이다.

괴로워하는 사람에게 위로랍시고 건넨 말이 그의 상처를 더욱 후벼 파는 경우도 있는데, 이는 정말 불 난 데 기름을 들이붓는 격이다. 예를 들어 실연으로 슬퍼하는 친구가 있다면 즐거운 일을 상기시켜 천천히 고통을 줄이도록 도와야 한다. 괜히 시시비비를 가린다든지 어쭙은 충고를 하려 해서는 안 된다.

"나는 진작부터 그(녀)가 좋은 사람이 아니라고 생각했어!"

"그(녀)는 애초에 너를 속이려고 했어. 너에게 사랑한다고 했던 말은 전부 거짓이야."

"정말 그(녀)가 너를 이용하는 걸 몰랐어?"

이런 말들은 실연한 친구에게 더 큰 상처를 주고 힘들게 할 뿐이다. 만약 의도하지 않았지만 아픈 곳을 건드렸다면 얼른 해결책을 찾아야 한다. 이때 가장 좋은 방법이 바로 자신의 아픈 곳을 드러내는 것이다.

물론 아예 상대방의 아픈 곳을 건드리지 않는 편이 제일 좋다. 사전에 그의 단점, 결점, 금기를 알아두고 아예 언급하지 말아야 한다. 설령 상대가 먼저 말을 꺼내더라도 그냥 의례적으로 한두 마디만 거들어야지, 기회를 잡은 듯 신나게 이야기하면 안 된다.

'말이 사람에게 주는 상처는 칼에 찔린 상처보다 크다'라는 모로코 속담이 있다. 정말 맞는 말이다. 이 속담을 반드시 명심하고 상대방의 아픈 곳을 피해서 말하자.

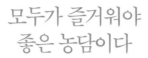

모두가 즐거워야
좋은 농담이다

누구나 다른 사람이 알기를 원하지 않는 비밀이 있다. 설령 상대의 비밀을 안다고 해도 절대 언급해서는 안 된다. 다른 이의 사생활 역시 공개해서는 안 된다. 나쁜 의도였든 아니었든 저열한 행동이기 때문이다. 타인은 당신이 하는 농담의 소재가 아니다.

농담은 반드시 하는 사람과 듣는 사람이 모두 즐거워야 한다. 함축적인 표현, 멋지고 심오한 철학적 사고, 익살스럽고 간단한 방식을 갖추어야 좋은 농담이라고 할 수 있다. 이런 농담은 곱씹을수록 재미있고 기억에 남는다. 타인의 사생활을 소재로 했거나 저속한 말로 가득한 농담, 멈출 줄 모르고 계속하는 농담은 듣는 사람을 짜증스럽게 할 뿐이다.

한 신혼부부가 결혼 2개월 만에 예쁜 아기를 낳았다. 친구와 이웃이 모여 축하하는 자리에 한 친구가 아이 선물이라며 공책과 연필을 가지고 왔다. 남편은 웃으며 말했다.

"고마워! 그런데 이제 갓 태어난 꼬맹이에게 공책과 연필이라니 너무 이른 거 아냐?"

"무슨 소리야! 아기가 성격이 꽤 급한 거 같은데! 다른 애들은 아홉 달 지나야 태어나는데 애는 두 달 만에 나왔잖아. 아마 다섯 달만 있으면 대학에 들어가지 않겠어? 그래서 사 왔지!"

그의 말이 끝나자 사람들은 크게 웃었지만 신혼부부는 웃지 못했다.

이야기 속의 친구는 혼전 임신이라는 사생활을 사람들에게 부각시켜 부부를 난처하게 만들었다. 타인의 사생활을 비웃는 농담은 정말 저급하다.

물론 무의식중에 별 의도 없이 이런 농담을 하는 사람도 있다. 하지만 듣는 사람은 절대 그냥 넘기지 않으며 상종하지 못할 사람이라고 여길 것이다. 만약 당신이 타인의 사생활이나 뭔가 꿍꿍이가 있는 일을 안다고 해도 모른 척해야 한다. 의도했든 의도하지 않았든 그것을 알리는 순간, '독사 같은 혀'를 가진 사람이라는 비난을 받을 것이다. 그러므로 타인의 사생활에 대해서는 최선을 다해 모른 척하라, 마치 아무 일도 없었던 것처럼.

살다 보면 모든 면에서 올바른 군자 같은 사람도 만나지만 도량이 작은 소인배 같은 사람도 만난다. 또 시간이 흐를수록 경쟁은 점점 더 치열하고 복잡해진다. 그러므로 말하는 내용, 정도, 방식과 대상에 주의를 기울이지 않으면 꼬투리를 잡히거나 시시비비를 가리는 논쟁에 휘말리기 쉽다. 입으로 화를 만든다고 하지 않던가! 따라서 반드시 언행에 조심하고 진정성을 기본으로 사람을 대해야 한다. 타인의 은밀한 비밀을 비웃고 상처를 까발리는 사람은 천박하고 교양이 부족해

보여 절대 환영받지 못한다.

각종 심리학 연구에 따르면 사람들은 자신의 잘못과 결함, 사생활이 타인에 의해 공개되는 일을 원하지 않는다. 특히 그 방식이 조롱과 모욕이라면 엄청난 분노를 느낄 수 있다. 그러므로 특별한 이유 때문이 아니라면 반드시 민감한 주제를 피하고, 상대방의 은밀한 부분을 공개하는 일을 피해야 한다.

농담은 하는 사람과 듣는 사람이 모두 즐거워야 한다. 아무리 나쁜 마음이 없었다고 해도 듣는 사람이 기분 나쁘다면 좋은 농담이 아니다. 뭐든지 너무 과하면 좋지 않다.

하버드 성공학 명강의 노트

★　★　★

사람들은 자신에게 좋은 말을 해주는 사람에게 친근감을 느낀다.
그러므로 '친한 척하며 말하기'를 시도해 보자.
적당하고 효과적인 화제를 선택하면 상대방과의 거리를 쉽게 좁힐 수 있다.
그러면 무슨 일을 하든 누구를 만나든 큰 문제없이 술술 풀릴 것이다.

PART 5

나만의 행복학,
어떻게
완성할 것인가?

살면서 행복을 느끼는 때가 너무 적고, 또 너무 짧다 보니 사람들은 늘 기쁨, 즐거움, 그리고 행복을 갈망한다. 이제 행복은 세계 최고의 학부, 하버드에서도 주목하는 하나의 학문이 되었다. 하버드 행복학의 핵심은 바로 사물의 긍정적인 면을 보는 것이다. 긍정의 눈길로 세상을 바라보면 그동안 머릿속을 어지럽히던 고민과 갈등이 사실은 아무것도 아니며 결국 순리대로 풀려갈 것임을 알 수 있다.

행복이
모든 것의
기준이다

행복은 경험이 아니라 일종의 능력으로
좌절을 딛고 일어서거나 노력해서 쟁취하는 것이 아니다.
그저 자신의 심리를 정확히 파악하고 잘 조정하기만 하면 행복해질 수 있다.

_탈 벤 샤하르

오직 가장 고상하고 유쾌한 사람만이 주변 사람들을 감동시킬 수 있다.

_랄프 왈도 에머슨

행복은 어디에나 있다

하버드대 성공학 명강의

지금 가방을 둘러메고 밖으로 나갈 수 있는 것이 행복이다. 편하게 일할 수 있는 것이 행복이다. 바람 부는 날 옷을 따뜻하게 입으라고 말해주는 사람이 있는 것이 행복이다. 매일 밤 푹 잠들 수 있는 것이 행복이다. 여행을 떠나고 싶을 때 같이 가자고 말할 친구가 있는 것이 행복이다. 조용하게 책 볼 시간이 있는 것도 행복이다. 행복은 어디에나 있다.

거의 대부분의 사람이 하는 일이 있고 사는 거처가 있다. 사랑하는 부모님, 배우자, 자녀, 그리고 친구도 있다. 이론대로라면 우리는 모두 행복해야 한다. 그런데 왜 늘 타인의 행복을 시샘하고 자신의 행복은 받아들이지 못할까?

재미있게도 자신의 행복이 아니라 남들이 얼마나 행복한지를 말하는 사람이 더 많다. 행복 속에 살면서도 그걸 모르는 것이다. 행복은 스스로 찾고 느끼는 것이지, 날 때부터 '평생 행복'의 운명을 타고난 사람은 없다. 태어난 후로 줄곧 도시에서 풍족하게 산 사람은 궁핍한 벽촌의 아이들이나 온몸에 먼지를 뒤집어쓰며 하루 종일 일하는 노동자를 보면 감사와 행복을 느낀다. 반면, 시골 사람들은 시끄럽고 복잡한 도시에서 고즈넉한 고향 풍경을 떠올리며 자신이 얼마나 행복한지 깨닫는다. 물론 고층 빌딩 속에서 당당하게 꿈을 이루려는 사람도 있겠지만 그 안에서 고향의 따뜻한 흙이 주는 행복을 느낄 수는 없을 것이다.

단언컨대 행복은 결코 찾기 어려운 것이 아니다. 단지 눈이 흐릿하고 마음에 때가 끼어 자신의 행복을 알아보지 못할 뿐이다. 모든 사람의 마음에는 행복의 씨앗이 있으니 그 싹을 틔워야 한다.

우리에게 부족한 것은 행복이 아니라 행복을 발견하는 눈이다! 눈을 맑게 하면 행복이 사실 우리 곁에 있음을 깨닫게 될 것이다.

행복은 삶의 진실에 대한 심오한 각성으로부터 비롯된다. 그래서 저마다 행복에 대한 이해나 형식이 각양각색이다. 행복은 신분이나 지위가 높은 사람의 전유물이 아니며 재물, 명성 등으로 결정되지도 않는다. 오히려 담담하고 조용히 흘러 만물을 적시는 물 같은 것이다.

행복한 사람은 기본적으로 마음에 사랑이 가득하다. 이들은 햇빛의 반짝임, 무지개를 만드는 작은 비눗방울까지 사랑할 줄 안다. 중국 고대의 시인 도연명은 유유자적하게 살며 언제나 행복을 노래했다.

'동편 울타리에서 국화를 꺾어 들고 멀리 남산을 바라본다.'

세상을 쩌렁쩌렁 울릴 정도의 행복이 아니어도 두 팔을 벌려 자신에게 속한 평범하고 소박한 행복을 껴안을 수는 있지 않은가! 즐겁고 기쁠 때는 물론이거니와 슬플 때 역시 돌아보고 반성하며 행복을 느껴야 한다.

가진 것과 행복은
무관하다

행복은 일종의 감각이자 마음가짐이다. 깨끗한 눈으로 바로 보기만 한다면 당신이 얼마나 많은 것을 가지고 있는지 금방 알 수 있다. 지금 가지고 누리는 것을 소중히 하라! 당신이 타인을 부러워하는 것처럼 분명 당신을 부러워하는 사람이 있다.

행복이란 무엇일까? 구두쇠에게 행복은 천하제일의 부자가 되는 것이다. 명예욕이 많은 사람에게 행복은 명성이 널리 퍼져 역사에 이름 석 자가 기록되는 것이다. 가난한 사람에게 행복은 배불리 먹고 따뜻하게 입는 것이다.

한 조사기관이 무작위로 뽑은 100명에게 '지금 행복하십니까?'라는 질문을 했다. 조사기관은 사전에 '행복하지 않다'라고 답변하는 쪽이 더 많을 거라고 예상은 했지만 응답 비율이 그렇게 높을 줄은 몰랐다. 약 90퍼센트가 넘는 사람이 행복하지 않다고 대답한 것이다. 자신 있게 행복하다고 말하거나 잠시 고민하다가 행복하다고 말한 사람은 고작 10퍼센트도 안 되었다. 더 재미있는 사실은 이 10퍼센트가 갓 결혼한 신혼부부이거나 뜻밖에도 나이 많은 노인이었다는 것이다.

왜 이런 결과가 나왔을까? 먹고 입는 문제를 해결하려고 애쓸 때는 더 많은 재물을 획득하기 위해 주변의 아름다움을 알아차리지 못한다. 원래 눈과 마음이 온통 재물로 가득하면 행복의 감정이 천천히 빠져나가는 법이다. 그러다가 일흔 살, 여든 살이 넘어 노인이 되면 흔들의자에 앉아 노래를 흥얼거리다가 비로소 깨닫는다. 가장 큰 행복이란 사랑하는 사람과 어깨를 나란히 하고 앉아 피고 지는 꽃을 보고 일출과 일몰을 감상하는 것임을 말이다.

시아와 메이는 고향에서 함께 자란 사이좋은 친구였다. 가정 형편이 좋지 않은 메이는 열여섯 살에 학교를 그만두고 성인이 되자마자 바로 이웃 마을의 돈 많은 사업가에게 시집갔다. 이후 그녀는 매우 편하게 살았다. 잘 먹고 잘 입었으며 고된 집안일에서도 벗어났다. 그녀는 매일 쇼핑을 하거나 마작, 카드놀이로 시간을 보냈다.

시아의 눈에 메이는 이 세상에서 가장 행복한 사람이었다. 부러워하던 시아는 메이를 만나 자신에게도 돈 많은 신랑감을 소개해달라고 부탁했다. 결혼만 성사된다면 메이처럼 풍요로운 생활을 누릴 거라 생각했기 때문이다.

어느 날 시아는 시장 가는 길에 우연히 메이의 남편을 보았다. 그는 웬 낯선 여성과 시시덕거리며 마치 연인처럼 거리를 돌아다니고 있었다. 깜짝 놀란 시아는 급히 메이에게 달려가 이를 알렸다. 그런데 메이는 아주 담담히 말했다.

"사실…… 난 알고 있었어. 사람들은 내가 행복하게 산다 말하지만 진짜 어떻게 사는지는 나만 알 수 있지. 내가 얼마나 많은 눈물을 흘렸는지는 나만 알아."

메이는 줄곧 화를 참고 소리를 죽여 흐느꼈으며 살얼음 위를 걷는 생활을 하고 있었던 것이다. 시아는 잘 먹고 입는 것만이 행복이 아님을 깨달았다.

만족하면 즐겁고 행복하다. 이렇게 간단한 일인데 왜 그리도 어려운 것일까?

18세기 프랑스의 계몽 사상가이자 문학가인 퐁트넬은 "행복의 가장 큰 장애물은 바로 너무 많은 행복을 기대하는 것이다."라고 말했다. 우리는 늘 타인이 자신보다 행복하다 생각하고 부러운 눈빛으로 바라보며 그보다 더 행복해지기를 간절히 바란다. 그러면서 자신에게 속한 행복은 까맣게 잊는다.

행복하지 않다는 느낌이 들 때 세상에 당신보다 더 불행한 사람이 있다는 생각을 해봤는가? 당신에게 아낌없이 사랑과 지지를 보내는 가족, 친구가 존재함을 떠올린 적 있는가? 당신은 불행하지 않다. 사랑하는 사람들로 둘러싸인 당신은 더없이 행복하다. 세상은 이렇게나 아름답다.

행복은 가진 것과 무관하며 오직 세상을 어떻게 바라보는가에 달려 있다. 주어진 행복의 맛을 누리고 즐겨야 한다. 괜히 물질만능주의에 휩쓸려 진정한 자아를 잃고 스스로 불행의 동굴 속으로 걸어 들어가서는 안 된다.

평범함은
사치스러운 행복이다

현대 사회는 점점 더 많은 물질로 채워지고 있다. 하지만 행복은 오히려 더 찾기 어려워졌으며 갈등, 고민, 욕망, 질투만 점점 더 늘어난다. 인간이란 가진 것이 많을수록 더 탐욕스러워지기 때문이다. 하지만 정말 더 많이 가지게 되면 평범한 행복이 그리울 수 있다.

다음은 인터넷에 떠도는 행복에 대한 묘사다.

아침에 일어나서 시간을 보았는데 아직 30분 더 잘 수 있는 것을 발견했을 때,

문을 열었는데 보고 싶은 사람이 서 있을 때,

작년 겨울에 입었던 옷을 정리하다가 주머니에서 돈을 발견했을 때,

노래 한 곡, 영화 한 편을 방해받지 않고 모두 듣고 봤을 때,

매일 아침 눈을 뜨고 살아 있음을 느낄 때……

이런 행복은 아주 평범한 일상에서 겪는 일들이다. 하지만 종종 각

종 스트레스와 상황 때문에 이러한 작은 행복조차 사치스럽게 느껴진다. 이런 사치는 돈이 아무리 많아도 살 수 없다.

청룽처럼 세계적인 스타는 일반인이 누리는 평범한 생활을 바라는 것 자체가 사치다. 그는 화려한 스포트라이트를 받지만 이런 소소한 행복을 누리지 못하는 것이 늘 아쉽다고 토로했다.

계속되는 촬영으로 눈코 뜰 새 없이 바쁜 청룽은 직접 아들을 학교에 데리러 가지 못해 늘 가슴 아팠다. 그런데 어느 날 아주 오랜만에 아들의 하굣길을 함께할 수 있게 되었다. 그는 흥분한 목소리로 아들에게 "이따가 학교 끝날 때 꼭 데리러 갈게."라고 말했다.

처음으로 아빠가 데리러 오는 날, 청룽의 아들은 수업이 끝나자마자 교문 앞으로 뛰어갔다. 하지만 아무리 사방을 둘러봐도 아빠의 모습이 보이지 않았다. 원래 아들의 등하교를 돕던 운전기사는 부자의 좋은 시간을 방해하지 않으려고 이날 아예 오지 않았다. 시간이 흘러 다른 아이들은 모두 집으로 돌아갔는데 아버지는 여전히 그림자도 보이지 않았다. 아들은 상심해서 기다리고 또 기다리다가 하는 수 없이 혼자 집으로 돌아갔다. 현관에 들어서자마자 아빠가 깜짝 놀란 표정으로 다급하게 뛰어왔다.

"내가 오늘 학교 앞에서 얼마나 오래 기다렸는지 아니? 대체 어디 갔던 거야?"

아들은 기가 막혀서 말했다.

"교문 앞에서 계속 아빠를 기다렸는데 안 오셨잖아요!"

어떻게 된 일일까? 청룽은 분명 학교 앞에서 아이를 기다렸다. 단지 중학생 아이를 초등학교 앞에서 기다렸을 뿐이다.

어떤 사람들은 자신이 점점 더 가난해지기만 한다고 투덜거린다. 어렸을 때는 오백 원이 없고, 학생일 때는 오천 원이 없고, 직장생활을 할 때는 오만 원이 없고, 결혼하니 오십만 원이 없고, 아이가 생기니 오백만 원이 부족한 식이다. 이상하게도 더 많이 일하고 바쁘게 사는데 항상 부족할 뿐 아니라 부족함의 크기가 더 커진다. 사람의 욕망을 완벽하게 채울 수는 없다. 하지만 우리는 종종 어떻게든 채워보겠다는 욕심에 자신을 둘러싼 소소한 행복을 모두 지나친다.

톨스토이는 "행복한 가정은 다 비슷한 모양새지만 불행한 가정은 불행의 이유가 다 제각각이다."라고 말했다. 사실, 행복은 무척 단순하다. 지금 오백만 원이 줄 수 있는 쾌락은 어릴 적 오백 원으로 아이스크림을 사 먹었을 때의 희열과 비슷하다. 어렸을 때는 아이스크림 하나로 커다란 행복을 느꼈지만 지금은 오백만 원이 생기면 왜 천만 원이 아닌지 속상해하지는 않는가? 살면서 행복이 자꾸만 줄어드는 것 같은 이유는 우리가 그것을 너무 사소하게 여기기 때문이다.

어쩌면 주변에 행복의 요소가 너무 많아서 알아보지 못하는 것일지도 모른다. 아니면 우리의 눈을 어지럽히는 유혹이 너무 많아 평범하지만 가장 따뜻한 행복을 포기하는 것일 수도 있다. 일상에서 반복되는 간단하고 평범한 행복에 주목하자. 사랑하는 사람과 통화하고 여행하는 것, 매일의 목표를 이루는 것, 친한 사람들과 생일 파티를 여는 것, 서로의 과거를 공유하는 것, 매년 오는 크리스마스, 새해 등등 이 모든 게 행복이다. 설령 갈등과 고뇌가 있다고 해도 그것으로부터 벗어나는 과정에서 행복을 느낄 수 있다. 일상의 소소함에 감사하자. 평범함이야말로 가장 사치스러운 행복이기 때문이다.

가슴을 활짝 펴고
행복을
받아들여라

현대인은 누구나 자주적인 선택권이 있다.
유사 이래 처음으로 행복이 자기 손안에 있는 것이다.
그러므로 지혜롭게 행복을 선택해서 '행복의 기본 가치'를 향상시켜야 한다.

-대니얼 길버트, 하버드 심리학과 교수

목표를 설정하라

하버드대 성공학 명강의

자신의 평범함에 만족하지 못해 뜬구름 잡는 식으로 허황된 꿈만 꾸는 사람도 있다. 이런 사람들은 목표를 설정하고도 실현하기 위해 진정으로 매진하지 않는다. 괜히 위대한 성공의 비결을 알아내겠다며 시간 낭비하지 말고 바로 앞의 작은 목표부터 착실하게 실현해보자. 좋은 말을 타고 목표를 향해 나아가는 과정에서 아름다운 풍경을 보고 부드러운 바람을 맞으며 행복을 느낄 것이다.

긍정 심리학은 목표에 도달하는 결과가 아니라 목표를 향해 나아가는 과정 중 행복하고 긍정적인 감정을 느끼는 데 더 주목한다. 저마다 서로 다른 행복의 기준이 있지만 일반적으로 행복은 목표의 실현과 매우 밀접한 관계가 있다. 그러니까 행복의 첫걸음은 바로 명확한 목표 설정이다. 다음 단계는 바로 '좋은 말 한 필'을 구하는 일이다. 행복은 종착지가 없기 때문에 이 말을 타고 꾸준히 나아가며 더 행복해지기 위해 노력해야 한다.

당태종 정관년, 장안 서쪽에 있는 방앗간에 말과 나귀가 살고 있었다. 좋은 친구인 그들은 항상 함께 수레를 끌거나 물건을 날랐다. 현장 대사가 이 마을에 들렀다가 방앗간의 말을 보고 서역을 거쳐 인도로 가는 길에 데리고 갔다.

17년 후, 말은 불경을 등에 지고 돌아왔다. 장안으로 가는 길에 방앗간에 잠시 들른 말은 옛 친구 나귀를 만나 오랜 여정 중에 목격한 진귀한 풍경을 이야기했다. 끝없이 드넓은 사막과 구름 위로 솟은 높은 산, 험준한 벼랑에 얼어붙은 눈, 거세게 휘몰아치는 물결…… 나귀는 신세계에서나 있을 법한 이야기를 듣고 경탄을 금치 못했다.

"너는 정말 견문이 넓어졌구나! 그렇게 머나먼 길을 떠나다니…… 나는 감히 상상할 수도 없어!"

"우리가 걸은 거리는 비슷할 거야. 내가 서역을 가로지를 때 너 역시 한 걸음도 멈추지 않았잖아. 다른 점이 있다면 나는 대사와 함께 웅대한 목표를 향해 나아갔고, 너는 그저 맷돌 주위를 맴맴 돌았던 것뿐이지."

사실, 극소수의 천재를 제외하면 우리 대부분은 지식이나 능력이 비슷하다. 천재라고 해서 모두 행복하지도 않고, 백치라고 모두 불행하지도 않다. 사람의 행복이란 지식이나 능력이 아닌, 목표의 실현 여부로 가늠할 수 있다.

인생의 커다란 목표를 설정했다면 이를 다시 여러 개로 세분화하여 하나씩 이루기 위해 최선을 다해야 한다. 목표는 작아도 이룰 때마다 커다란 행복을 느낄 수 있다. 혹시 지금 굉장히 힘들고 어렵게 산다면 이전에 목표를 정한 적 있었는지 돌아보자. 만약 목표가 없다면 앞으로도 진정한 의미의 행복을 느낄 수 없다. 목표가 없으면 이야기 속 나귀처럼 평생 한자리만 맴돌 것이다.

드넓은 초원에서 영양 한 무리가 한가로이 풀을 뜯고 있다. 바위 뒤에 숨은 표범이 매서운 눈빛으로 그들을 주시하다가 살그머니 아주 조심스럽게 한 발, 한 발 나아간다. 그 순간 영양들은 위험을 감지하고 본능적으로 사방으로 흩어진다.

표범은 포기하지 않고 영양 한 마리를 쫓는다. 표적이 된 영양은 마치 나는 것처럼 빠르지만 표범은 그보다 더 빨리 달린다. 다행히 위험에서 벗어난 다른 영양들은 가만히 추격전을 구경한다. 하지만 표범은 절대 방향을 바꾸어 더 가까이에 있는 영양을 쫓지 않는다. 오직 처음부터 공격 목표로 삼은 그 영양만 죽어라 추적한다. 표범의 앞발이 지친 영양의 엉덩이 위로 올라가면서 긴박했던 추격전은 끝난다. 표범은 도중에 공격 목표를 바꾼다면 분명히 사냥에 실패할 것임을 알고 있다.

사람이 표범보다 아둔해서야 되겠는가? 과학자가 되고 싶었다가 운동선수가 되고 싶었다가 하루에도 수십 번씩 목표가 바뀌는 사람이 있다. 어떤 일을 하면서 처음 3분만 확 끓어오르고 금세 차게 식는 사람은 아무것도 이룰 수 없다. '뜻이 있는 자는 그 뜻을 계속 키우지만 뜻이 없는 자는 항상 뜻을 세우기만 한다'라는 중국 속담이 있다. 명확한 목표 설정은 행복한 삶을 위한 기본 조건이다.

나이나 성별에 관계없이 진정한 인생 여정은 목표를 세우는 그날로부터 시작된다. 목표가 없으면 삶의 언저리를 뱅글뱅글 돌 뿐 핵심으로 들어가지 못한다. 목표는 지금 당신의 위치보다 훨씬 중요하다. 우리는 모두 스스로 미래를 선택할 수 있다. 사는 곳, 직업, 친구, 배우자,

그리고 인생의 방향을 모두 직접 결정한다. 결정했으면 쉬지 않고 나아가기만 하면 된다. 목표를 설정하기만 해도 피가 뜨거워지고 에너지가 생기며 책임과 사명이 느껴질 것이다.

지금 이 순간은 대체할 수 없는 귀중한 자산으로 한 번 지나면 절대다시 돌아오지 않는다. 그러므로 반드시 주어진 일분일초를 자신의 가치를 만드는 데 써야 한다. 진정으로 원하는 목표를 설정하고, 이를 실현하기 위한 방법을 익히면서 나아가다 보면 상상 이상의 성과를 얻고 커다란 행복을 느낄 수 있다.

나태한 사람은
결코 행복할 수 없다

하버드대 성공학 명강의

게으름뱅이는 매일 가만히 앉아 신이 던져주는 떡을 기다린다. 하지만 하늘에서 떨어지는
것은 빗방울뿐이니 이제 그만 일어나서 움직여야 한다. 부지런한 사람은 한 발, 한 발 포기
하지 않고 목표를 향해 나아간다. 작은 목표를 달성할 때 느끼는 그 귀한 희열은 마음속 행
복의 씨앗에 물을 주는 것과 같다. 이렇게 계속 물을 주다 보면 행복의 씨앗이 싹을 틔우고
뿌리를 내려 아름다운 꽃을 피우고 커다란 열매를 맺을 것이다.

우리는 모두 아름답고 멋지며 행복한 삶을 살고자 한다. 앞서 언급
했듯, 행복이란 물질과 정신을 모두 포함한다. 흔히 두 가지 중에 정신
의 행복이 더 중요하다고 말하지만 솔직히 말해서 물질도 정신 못지
않게 중요하다. 하루 삼시세끼도 보장되지 않는데 무슨 '정신'이 제대
로 깃들겠는가? 적어도 빈곤해서는 안 된다. '가난한 사람은 만사가
슬프다'라는 말처럼 물질은 행복의 기초다. 기초가 없는데 어떻게 행
복이 찾아오겠는가?

행복하려면 반드시 생존 요건을 먼저 갖춰야 한다. 발전보다 생존
이 먼저이기 때문이다. 생존하려면 자립해야 하고, 자립하려면 반드

시 '열심히 일해야' 한다. 지금 있는 자리에서 묵묵히 일해야 한다. 부지런한 두 손만이 당신에게 행복의 기초를 만들어줄 수 있다.

오래전 중국에서 유행한 노래인 '행복은 어디에'에는 다음과 같은 가사가 있다.

행복은 어디에 있을까, 친구여 말해다오.
그것은 버드나무 아래에도 온실에도 없어…….

멜로디도 좋지만 가사도 참 좋다. 그런데 정말 행복은 어디에 있을까? 바로 우리 손안에 있다. 열심히 고생스럽게 노동해야만 행복을 우리 것으로 만들 수 있다. 무엇이든 뿌린 대로 거두는 법이니, 한가롭게 앉아서 하늘에서 떡이 떨어지기만을 기다리지 마라. 이는 불가능한 백일몽과 같다.

게으른 사람은 지금 돈이 있어도 먹고 자고 놀다가 결국 탕진한다. 이런 사람들은 아무 노력도 하지 않으면서 자신을 터무니없이 과대평가한다. 사람의 운명은 주견과 능력으로 결정되는 법인데, 둘 중 하나도 없는 데다 노동까지 하지 않으니 무슨 좋은 결과를 기대할 수 있는가? 이런 사람에게 실패는 필연적이다.

중풍으로 반신불수의 몸이 된 사람이 길 위에 누운 채로 저 너머에 있는 '신비한 냇물'로 데려달라고 애걸했다. 아무도 도와주지 않았지만 그는 포기하지 않고 길 위에서 꿋꿋이 기다렸다. 어느 날 신이 그에게 다가와 물었다.

"병이 낫기를 바라느냐?"

"네, 그렇습니다. 하지만 모두 이기적이라 도와주지 않습니다."

"그러면 스스로 기어가면 되지 않느냐?"

"시간이 오래 걸릴 텐데 그 사이에 냇물이 마를까 봐 걱정됩니다."

"정말 병이 낫기를 바라느냐?"

"네, 저는 정말 낫고 싶습니다."

"그럼 당장 냇물까지 기어가라. 쓸데없는 변명만 늘어놓지 말고!"

벼락같은 호통을 들은 그는 온 힘을 다해 앞으로 기어갔다. 며칠 밤낮을 쉬지 않고 기어간 그는 마침내 신비한 냇물을 마시고 건강해졌다.

행복은 자신이 만들어내는 것이다. 도와줄 사람도 없고, 설령 있다 해도 그에게만 기대어서는 안 된다. 세월은 한 번 흘러가면 사라지니 지금 당장 시작해야지, 미루어서는 안 된다. 또 기왕에 시작했다면 최선을 다해야 한다. 젊었을 때 노력하지 않으면 늙어서 고된 삶을 살 수밖에 없다. 나이가 들어서까지 삼시세끼를 걱정하며 산다면 얼마나 비참하겠는가? 이런 삶이 과연 행복하다고 할 수 있을까?

행복하기를 바란다면 절대 게으름뱅이가 되어서는 안 된다. 근면 성실한 사람은 삶을 계획하고 모든 일을 조리 있게 처리할 줄 안다. 스스로 정한 규칙에 따라 생활하다 보면 곧 희열을 느낄 것이다. 작은 것부터 시작하자. 오늘은 집을 청소하고, 내일은 장을 보고……. 이런 식으로 매일 하나의 작은 목표를 성실하게 달성하자. 그러면 비관적인 태도가 사라지고 자신감 넘치는 행복한 사람이 될 수 있을 것이다.

눈빛을 바꾸면
세상이 바뀐다

하버드대 성공학 명강의

각도를 바꾸어 생각하면 문제가 완전히 다르게 보인다. 실패했다고 해서 실의에 빠져 허우
적대지 말고 각도를 바꾸어 생각하며 그 안에서 교훈을 얻자. 부정적이고 비관적인 감정에
휩쓸린 사람은 영원히 성공할 수 없다.

외모가 아름답지 않아서, 오늘 날씨가 안 좋아서, 일이 순조롭게 풀
리지 않아서 등등 사방에서 불평불만이 들린다. 아무리 생각해봐도
하늘이 너무 불공평한 것 같다며 항상 투덜대는 사람이 많다. 대체 그
들은 왜 각도를 바꾸어 문제를 바라보지 않을까? 타고난 외모를 바꿀
수는 없지만 활짝 웃으면 더 아름다워 보일 수 있다. 맑은 날이 있으면
흐린 날도 있는 법, 흐리면 흐린 대로 아름다운 풍경이 있다. 지금 하
는 일이 순조롭지 않다면 불평할 시간에 조금 더 노력하며 마음을 다
잡는 게 좋다.

소의 뿔을 바로 잡겠다고 애쓰는 것처럼 되지도 않을 일에 아등바
등 매달려서는 안 된다. 각도를 바꾸어 문제를 바라보면 절망 속에서

도 희망을 볼 수 있다. '나무는 자리를 옮기면 죽지만 사람은 바뀌어야 산다'는 중국 속담이 있다. 인생사 새옹지마라 하지 않았던가!

부잣집에서 정원사 두 명을 고용했다. 넓은 정원을 관리하는 동안 날씨가 좋으면 뜨거운 태양 때문에 피부가 타고 심하면 화상을 입기도 했다. 비 오듯이 흐르는 땀도 연신 닦아야 했다. 비가 내리면 정원사는 온몸이 흠뻑 젖은 채로 나무를 다듬고 땅에는 물길을 만들어 빗물이 고이지 않도록 해야 했다. 두 정원사 중 한 명은 일이 이렇게 힘든데 돈은 쥐꼬리만큼 받는다고 늘 투덜거렸다. 그는 매일 인상을 쓴 채로 출근하고 굳은 표정으로 일했다. 가끔 입을 열면 끝없이 불평불만을 쏟아냈다.

다른 한 명은 그와 정반대였다. 그는 힘들게 일하면서도 늘 콧노래를 흥얼거렸다. 이 모습을 본 첫 번째 정원사가 큰 소리로 물었다.

"대체 뭐가 그렇게 신이 나? 지금 이 상황이 얼마나 불공평한지 모르는 거야?"

"불공평하다고? 뭐가 불공평해?"

"일은 전부 우리가 하는데 이 정원을 감상하는 사람은 집주인이잖아. 당연히 불공평하지!"

"감상한다고? 집주인이 어떻게 그래? 이 아름다운 정원을 감상하는 사람은 우리잖아!"

첫 번째 정원사는 동료가 아무래도 일이 힘들어 미쳤나 보다고 생각했다. 두 번째 정원사는 그의 생각을 눈치채고는 얼른 덧붙였다.

"이봐! 이 정원은 정말 아름답고 공기도 좋아. 일 년 내내 새가 지저귀고 꽃향기가 나지. 하지만 집주인은 매일 바쁘게 일하느라 한 달에 많아야 한두 번 정원을 둘러보잖아. 그의 직함이 사장이기는 하지만 결국 노동자처럼 산다고. 우리는 노동자이지만 사장인 그보다 훨씬 많은 것을 보고 누리지. 그런데도 무슨 불만이 그렇게 많아?"

소동파는 장시성의 루산을 보고 "옆에서 보면 고갯마루요, 비켜 보면 봉우리로다."라고 읊었다. 보는 각도에 따라 다르게 보이는 아름다운 산세와 오묘한 비경을 노래한 것이다. 문제가 발생했을 때 부정적이고 비관적인 감정이 일어난다면 즉시 각도를 바꿔보는 것이 좋다. 그러면 절대 해결될 것 같지 않았던 문제도 그렇게 심각해보이지 않을 수 있다.

어린아이가 창밖을 보고 있다. 마당에서는 어른들이 죽은 반려견을 묻고 있었다. 매일 아침저녁으로 함께 놀던 친구 같은 반려견을 생각하니 아이는 무척 슬펐다. 이때 방에 들어온 할아버지가 다른 쪽 창문을 열고 아이를 불렀다. 이 창문에서는 정원 가득 핀 예쁜 장미꽃이 보였다. 아이는 방금 전의 우울함을 잊고 기분이 좋아졌다.

모든 일에는 좋은 면과 나쁜 면이 있다. 관건은 당신이 그것을 어떻게 보느냐다. 한 발 가까이서 보면 험한 산과 마른 강물이 보이지만 한 발 물러서서 보면 광활한 푸른 하늘이 보일 것이다.

운명이 왜 이리 가혹한지, 왜 이렇게 가난한 집에서 태어났는지, 어째서 신이 아름다운 외모를 주지 않았는지, 왜 기회가 없는지 원망하지 말자. 신은 한쪽 문을 닫으면서 반드시 당신을 위한 다른 문을 열어둔다. 외모는 아름답지 않아도 머리가 좋을 것이고, 가난하지만 건강

할 것이다.

중국의 시인 구청은 나뭇가지가 잘린 백양나무를 보고 "나는 한쪽 어깨를 잃었지만 한쪽 눈을 뜨고 있어요."라고 했다. 삶은 언제나 밝은 면과 어두운 면을 모두 가지고 있다. 고난을 마주했을 때는 한탄하지 말고 반드시 각도를 바꾸어보자. 그러면 더 밝고 아름다운 면이 보일 것이다.

각도를 바꾸어 문제와 사물을 생각하고 결함과 단점을 바라보자. 그러면 더 다양한 사고를 통해 좀 더 효과적인 해결책을 찾을 수 있다. 처음에 마음에 들지 않는 사람도 각도를 바꾸어 바라보면 그만의 아름다움이 보일 것이다.

세상을 바라보는 눈빛을 바꾸면 무엇과도 바꿀 수 없는 보물을 얻을 수 있다.

즐거운 척하면
진짜 즐거워진다

하버드대 성공학 명강의

즐겁지 않다면 즐거운 일을 찾아보자. 독서, 운동, 산책, 수다, 인터넷 서핑 등등 어떤 것이든 좋아하는 일을 하면 된다. 잠시 후 모든 걱정과 불안을 잊은 채 즐거워하는 자신을 발견하고 깜짝 놀랄 것이다. 이 방법은 각종 스트레스를 날려버리는 데도 매우 효과적이다.

사실 처음 계획대로, 마음먹은 대로 일이 되지 않는 것은 너무나 정상적인 상황이다. 사람의 일이란 그렇게 쉽게 풀리지 않는다. 그렇다 해서 너무 속상해하지 말고 재빨리 감정을 수습해야 한다. 알다시피 진짜와 가짜가 반드시 좋고 나쁨, 옳고 그름을 의미하지는 않는다. 선의의 거짓말이나 기쁨의 눈물처럼 말이다. 그렇다면 즐거움도 위장할 수 있지 않을까?

아무리 힘들고 어려운 삶이라도 끝까지 계속해야 한다. 지금의 고난이나 역경은 기나긴 인생길에서 만나는 작은 장애물에 불과하다. 하지만 당신을 불편하게 할 테니 좀 멀리 떼어놓아야 한다. 만약 떼어놓을 수 없다면 보고도 못 본 척하거나 아예 돌아가도 좋다. 또 다른 장애물이 나타나도 낙담하거나 두려워할 필요는 없다. 즐거운 듯이 크게 웃으면서 전진하면 이제 막 생기려던 부정의 감정들이 연기처럼 사라질 것이다.

마음가짐을 바꾸고 각도를 조정해 문제를 보면 부정의 감정이 긍정적으로 바뀐다. 그러므로 안 좋은 기분이 든다면 즉각 즐거운 표정을 하라고 자신에게 주문하자. 이렇게 위장한 '가짜 즐거움'은 곧 진짜로 바뀌어 좋은 생활 태도를 형성한다.

도로 보수 작업에 종사하는 사람이 있었다. 그는 최근 5년 동안 많은 일을 겪었다. 아들이 대학 입시에 실패하고, 아내가 중병에 걸려 반년 넘게 입원했으며, 집에 도둑이 들고, 일하다 교통사고를 당해 팔도 부러졌다. 안 좋은 일이 연이어 생기자 친구, 동료들은 진심으로 그를 위로하고 돕고자 했다. 하지만 정작 그는 매일 즐겁게 웃으며 신나게 일했다. 그는 의아해하는 사람들에게 말했다.

"그냥 그런 척하는 거야. 아들이 대학에 들어가지 못했을 때 나도 괴로웠지. 하지만 내가 아무리 힘들어해도 문제를 해결할 수는 없잖아. 아내 역시 내 모습을 보고 서서히 걱정을 잊더라고. 어느 정도 시간이 흐르니 우리는 더 이상 이 문제를 걱정하지 않았어. 나중에 아내가 입원했을 때는 스트레스가 컸어. 하지만 나 자신에게 계속 중얼거렸지. '나는 즐겁다. 나의 웃음은 그녀에게 커다란 믿음을 준다.' 집에 도둑이 들었을 때도 잃은 것이 많았지만 크게 웃었어. 즐거운 척하면 나쁜 일들을 잊을 수 있거든. 그냥 물건 몇 개 잃어버린 것뿐이잖아? 교통사고로 팔이 부러졌을 때도 나 자신에게 말했어. '그래! 이 김에 좀 쉬어보자!' 나는 무너질 수 없었고, 무너지려고 하지 않았어. 애써 아무렇지도 않은 척, 즐거운 척했지. 재미있게도 내가 즐거운 척하니까 다른 사람도 즐거워하더라고! 웃는 데는 돈이 안 들어가잖아. 위장이야말로 내가 고난을 이기는 가장 큰 무기야!"

우리는 스스로 감정을 조정할 수 있을 뿐 아니라 감정을 '위장'할 수도 있다. 시시각각 자신에게 좋은 기분을 유지하라 말하고 그렇게 해야 한다. 그러면 나쁜 기분은 아예 얼씬도 하지 못할 것이다. 한 심리학자는 이렇게 설명했다.

"즐거움을 위장하면 감정을 빠르게 조정해서 진짜 즐거움을 얻을 수 있습니다. 문제의 본질을 해결할 수는 없어도 확실히 효과적이죠. 연구에 따르면 사람의 몸과 마음은 서로 영향을 주고 작용합니다. 모종의 감정은 그에 상응하는 신체 언어를 이끌어냅니다. 예컨대 분노했을 때 자기도 모르게 주먹을 꽉 쥐고 호흡이 빨라지는 식이죠. 즐거우면 입꼬리가 올라가고 얼굴 근육이 풀어집니다. 반대로 신체 언어가 감정의 변화를 이끌어내기도 합니다. 감정을 조정하기 어려우면 신체 언어를 조정해서 필요한 감정을 끄집어낼 수 있습니다. 예컨대 스스로 미소를 지으라고 강박하면 실제로 기쁨의 감정이 생성됩니다. 따라서 즐거움을 위장하면 진짜로 즐거워질 수 있습니다. 몸과 마음이 상호작용하기 때문이죠."

물론 완벽한 위장을 위해서는 많은 연습이 필요하다. 똑바로 서서 몸을 앞으로 90도가량 숙였다가 다시 뒤로 15도 정도 젖히고 크게 "하하하하." 하며 웃어보자. 그때 동작은 약간 과장되어야 한다. 단순히 이 연습만으로도 기분이 훨씬 좋아질 것이다.

또 매일 아침 눈을 뜨면 입꼬리를 올리고 웃으면서 "오늘은 내 인생

에서 가장 찬란한 하루가 될 거야."라고 말해보자. 즐겁게 하루를 시
작하는 데 매우 효과적인 방법이다.

아름다운 미래를 추구하는 것은 인간의 본능이고 인류의 생존과 사
회의 발전을 위한 동력이다. 더 큰 발전을 도모할 때 역시 '위장'이 도
움된다. 원래부터 적극적이고 능동적인 사람인 양 진취적 마음가짐을
유지하며 처참한 현실이 반드시 더 나아질 거라고 생각해야 한다. 그
러면 정말로 아름다운 미래의 서광이 비칠 것이다.

행복은 평범함 속에 있다

즐겁고 신나는 기분을 유지하는 일은 매우 중요하다.
바보처럼 웃으며 사방을 뛰어다니라는 이야기가 아니다.
우리에게 필요한 것은 삶의 만족에서 비롯된 평범한 행복이다.

_대니얼 길버트

누구나 어떤 환경에서도 행복할 수 있다.

탈 벤 샤하르

당신 곁의
행복 요소를 찾아라

하버드대 성공학 명강의

걸음을 멈추고 주변을 둘러보자. 당신을 둘러싼 모든 아름다움을 감상하고 행복의 기운을
온몸으로 느껴라. 사실, 행복은 매우 단순하다. 그것은 우리 생활 곳곳에 시시각각 존재하
며 마음을 써서 바라보기만 하면 분명히 느낄 수 있다.

행복이란 무엇일까?

낯선 두 사람 사이에 공감이 생겨 찬란한 미소를 주고받는 것.

이른 아침에 눈을 떠 방 안 가득 쏟아지는 햇볕 속에서 아침 내음을 맡
는 것.

맑은 오전에 하늘이 보이는 발코니에 앉아 바람을 느끼며 좋아하는 책
을 읽는 것.

가랑비 내리는 오후에 조용히 앉아 빗소리를 듣는 것.

별이 가득한 하늘 아래 풀밭에 앉아 반딧불의 춤을 감상하는 것.

따뜻한 미풍을 맞으며 눈부신 초록 새싹을 보는 것.

따가운 햇살 속에서 해변에 앉아 시원하게 밀려오는 파도를 보는 것.

석양 아래에서 기다란 그림자를 만들며 산책하는 것.

하얀 눈으로 덮인 땅을 폴짝폴짝 뛰는 것.

행복은 당신 곁 어디에나 있다. 마음을 써서 주변의 행복을 찾고 감동하자.

자신의 삶에 만족하는 사람이 가장 행복하다. 만족할 줄 아는 사람은 행복이 언제나 자신 곁에 있다고 생각하기 때문이다.

행복은 당신이 뜨거운 눈물을 흘리게 할 정도로 클 수도 있고, 잘 보이지 않을 정도로 작을 수도 있다. 마음을 가라앉히고 조용히 과거를 회상해보자. 차를 달이고 마실 때마다, 이별과 만남을 반복할 때마다 언제나 즐거웠고 아름다웠으며 행복했던 자신을 발견할 것이다. 행복은 그 순간마다 제대로 잡지 않으면 손가락 사이로 빠져나간다. 지난 뒤에 후회해봤자 아무 소용없다.

행복은 언제나 당신 곁에 있다. 심지어 슬픔, 고난, 아픔에도 항상 행복이 있다. 그러니 지금부터 당신은 그것을 느끼고 힘껏 껴안기만 하면 된다.

작은 행복을
무시하지 마라

빠르고 복잡하게 살다 보면 분명 지쳐 쓰러지는 날이 온다. 이때 당신이 주변의 작은 행복을 알아본다면 금방 힘을 내 다시 일어날 수 있다. 반면, 자신을 둘러싼 작은 행복들을 찾지 못한다면 영원히 고통스러울 것이다. 아이의 천진난만한 웃음, 배우자의 관심 어린 눈빛, 형제의 따뜻한 사랑, 부모님의 자애로움이 모두 행복이다.

내일부터 행복한 사람이 되어야지. 말을 먹이고, 장작을 패고, 세계를 여행하리라.

중국 시인 하이즈의 시구다. 행복은 세상을 깜짝 놀라게 할 만큼 그렇게 격정적이지도 않고 사람을 홀릴 정도로 달콤하지도 않다. 오히려 우리가 살면서 무시하는 아주 작은 일들에 묻어 있다.

행복은 천리마 같아서 백락의 눈을 가진 사람만이 찾을 수 있다. 말의 감정을 읽었다는 백락이 되어 일상의 작고 작은 행복을 찾고 싶다면 반드시 많은 수련이 필요하다.

유명 지휘자 토스카니니의 여든 살 생일 파티에서 한 사람이 그의 아들 월터에게 물었다.

"아버님은 자신의 성공에 대해 어떻게 생각하나요?"

"아, 우리 아버지는 그런 생각 자체가 없어요. 아버지는 지금 하고 있는 일이 최고라고 생각하죠. 교향곡을 지휘하든 오렌지를 먹든!"

아흔아홉 송이의 장미를 든 남자가 무릎을 꿇고 다이아몬드 반지를 내밀었다.

"나와 결혼해줘."

하지만 여자는 미소를 지으며 그와 결혼하기 싫은 것이 아니라 아직 준비가 안 되었다고 대답했다. 남자는 더 이상 매달리지 않고 부드럽게 말했다.

"괜찮아. 하지만 당신이 힘들 때 어깨를 빌려줄 사람이 나라는 건 절대 잊지 마."

여자는 크게 감동했다.

'우리 사랑이 이렇게 계속된다면 얼마나 좋을까?'

하지만 그녀는 여전히 결혼에 확신이 없었다.

얼마 후 밸런타인데이에 두 사람은 함께 거리로 나섰다. 말없이 걷던 중 남자가 갑자기 무릎을 꿇고 여자의 풀어진 신발 끈을 다시 묶어주었다.

'큰길에서 전혀 거리낌 없이 나를 위해 신발 끈을 묶어주다니!'

여자는 말없이 바보처럼 웃는 그를 보면서 따뜻함을 느꼈다. 온 세상을 얼려버릴 만큼 추웠던 그날 밤, 여자는 머리를 남자에게 기대고 말했다.

"이제 선택할래. 우리 결혼해."

그녀를 감동시킨 것은 아흔아홉 송이의 장미도 다이아몬드 반지도 아니었다. 그가 보여준 작은 관심과 사랑에 감동한 그녀는 평생 그와 함께하겠노라 다짐했다. 행복은 아주 사소한 동작, 표정, 말 한마디로 충분하다.

탈 벤 샤하르 교수는 말한다.

"행복한 사람은 반드시 명확하고 의미 있는 목표가 있으며 이를 실현시키기 위해 최선을 다합니다. 진정으로 행복한 사람은 자신이 의미 있다고 생각하는 삶의 방식 속에서 작은 행복을 누립니다."

사소한 디테일을 무시하지 않고 마음을 쓰기만 해도 당신의 생활은 아름다운 향기로 가득 찰 것이다. 의미를 담은 환한 미소, 작은 목소리로 묻는 안부, 마음이 통하는 눈빛, 진심을 담은 걱정……. 이 얼마나 아름다운 일인가!

스트레스는
행복을 밀어낸다

행동이 감정을 따르는 것 같지만
실제로는 행동과 감정이 거의 동시에 움직인다.
그러므로 행동을 제어할 수 있다면 감정도 제어할 수 있다.
기분이 좋지 않을 때는 기분이 좋은 것처럼 행동하고 말해야 한다.

윌리엄 제임스

행복감은 인생을 측정하는 유일한 기준이며 모든 목표의 종착점이다.
행복은 반드시 즐거움과 의미의 결합이어야만 한다.

탈 벤 샤하르

유머는 행복의 양념이다

유머는 매우 특수한 감정 표현이다. 유머를 통해 생소한 환경에 빠르게 적응할 수 있고, 곤경에 빠졌을 때 스트레스를 줄일 수 있다. 유머 감각 있는 사람은 상대적으로 스트레스가 적기 때문에 일의 성공률이 높다. 또 고집스럽게 극단으로 치닫는 일이 많지 않고 항상 긍정적이며 즐겁다. 이런 사람은 어디에서나 환영받는다.

서양 속담에 '유머가 없는 글은 공문서이고, 유머가 없는 사람은 조각상이며, 유머가 없는 집은 여관이고, 유머가 없는 사회는 상상할 수 없다'라는 말이 있다.

빠르고 복잡한 시대에 사는 우리는 모두 거대한 스트레스를 받고 있다. 노인과 아이를 부양하고 각양의 사람과 만나야 하며 인생의 여러 전환점을 무난하게 넘기는 등 그토록 바쁜 세상에서 감정을 잘 조절하지 못하면 고뇌, 우려, 초조 등의 부정적 감정이 생겨나 스트레스가 쌓인다. 스트레스를 완벽하게 없애기란 현실적으로 불가능하기 때문에 최대한 줄이는 데 초점을 맞추어야 한다. 이때 가장 좋은 방법이 바로 유머다. 유머는 현대인의 행복하고 건강한 삶을 위한 필수적 요소다.

유머는 일종의 지혜로, 유머 감각이 있는 사람은 어디서나 환영받는다. 유머는 수많은 갈등과 충돌을 없앨 수 있기 때문에 유머 감각을 갖춘 사람은 어디서나 주목받는다. 일상의 유머는 화를 잠재우고 비 오는 날을 햇빛 찬란하게 만들 수도 있다.

평범하고 조용한 생활에서 유머는 잔잔한 호수에 이는 작은 물결이며, 진취적이고 활기찬 생활 속에서 유머는 격류가 만들어내는 물보라와 같다. 또 실패의 곤경 속에서 유머는 어두운 밤에 반짝이는 별빛이다. 유머는 세상에 기쁨을 주고 그 기쁨 속에서 세상은 더 아름다워진다. 유머는 절대 포기할 수 없는 삶의 멋진 배경이다.

선생님이 잠시 수업을 멈추고 천천히 말했다.

"중간에 앉아 떠드는 학생이 가장 뒷줄의 카드놀이를 하는 학생처럼 조용하다면 앞에 앉은 학생의 잠을 방해하지 않을 텐데 아쉽구나!"

선생님의 말을 들은 학생들은 크게 웃으며 자세를 고쳐 앉아 수업에 집중했다.

이것이 유머다. 선생님은 조금도 화를 내지 않고 학생들을 자극하거나 힐난하지도 않았다. 그는 가벼운 말 한마디로 학생들을 일깨워 스스로 행동을 바로잡도록 했다. 이 과정에서 선생님과 학생 사이에 어색하고 긴장된 분위기는 형성되지 않았다. 학생들은 오히려 이런 유머를 구사하는 선생님에게 친근감을 느꼈을 것이다.

유머는 생활의 필수 요소다. 뒤따라오는 웃음소리 때문이 아니라 유머가 만들어내는 마음의 평정 때문이다. 유머는 즐거운 분위기를 조성하여 삶을 더욱 멋지게 만든다. 유머는 자유로운 사고이자 평화로운 마음가짐이며 넓고 깊은 도량을 의미한다. 유머 감각을 갖추고 싶다면 모든 사물에 대한 깊이 있는 사고, 세상을 넓고 멀리 바라보는 눈, 삶을 마주하는 적극적인 태도가 뒷받침되어야 한다. 깊이 사고하는 사람만이 모든 이를 즐겁게 하는 유머를 구사할 수 있다.

미움을 없애면
영혼이 더 가벼워진다

무턱대고 고집을 부리거나 논쟁을 벌이면 부정적 감정 외에 남는 것이 없다. 사람은 선량한 본성을 타고났다. 그러므로 설령 오해를 받거나 사기 혹은 배신을 당했더라도 그 사람을 용서하기로 마음먹는다면 아름다운 행복의 꽃을 피울 수 있다.

살다 보면 사업 실패, 실연, 건강 이상 등 다양한 문제와 부딪힌다. 하지만 원래 삶이 그런 것이다. 당신이 원하든 원하지 않든 불시에 찾아오는 갈등과 고뇌를 거부할 수는 없다. 그럴 때마다 속절없이 무너져 우울감에 휩싸이거나 분노를 폭발하고 누군가를 죽도록 미워하는 사람들이 있다. 이런 사람들은 결코 행복해질 수 없다.

고난을 마주했을 때 우리는 관용의 자세를 유지해야 한다. 관용은 일종의 내려놓는 마음가짐으로, 관용적인 사람은 언제나 차분하며 이성적으로 문제를 바라본다. 인간관계에도 관용을 더하면 이해와 신뢰가 깊어질 것이다. 그러므로 반드시 관용을 배우고 익혀 영혼을 가리는 장애물을 없애야 한다. 미움과 원한의 족쇄를 풀어 피폐해진 영혼을 자유롭게 하자. 영혼이 편안해야 비로소 더 많은 행복을 포용할 수 있다.

프랑스의 낭만파 작가 빅토르 위고는 말했다.

"바다보다 광활한 것이 하늘이요, 하늘보다 광활한 것이 사람의 마음이다."

믿었던 사람에게 사기 당한 사람은 분노에 차서 이렇게 말할 것이다.

"절대 용서하지 않겠어. 가만두지 않을 거야. 죽어도 용서 안 해!"

이러한 미움과 원한은 마음속에 '악의 씨앗'을 심어 그 사람이 평생을 '악의 꽃'에 물을 주고 키우느라 허비하게 만든다. 이처럼 타인을 미워하는 마음은 곧 자신을 꽁꽁 묶어 속박하는 것과 마찬가지다. 미움과 원한을 멈추면 자신을 더욱 자유롭게 할 수 있다. 증오를 품은 채 살면서 자신을 어둠 속에 가두느니 용서의 마음으로 따뜻한 햇볕 아래에 사는 편이 더 낫지 않겠는가?

가족, 친구, 연인 그 누구에게나 관용을 잊지 말자. 심지어 낯선 사람에게도 관용의 마음가짐으로 대해야 한다. 중국의 SNS 웨이보에 한때 이런 말이 유행했다.

'다른 사람을 볼 때 눈이 곱지 않은 것은 수양이 부족해서다.'

2004년 8월 23일, 아테네 올림픽 남자 체조 철봉 결승전. 스물여덟 살의 러시아 선수 알렉세이 네모프가 세 번째로 경기를 마쳤다. 두 바퀴 회전해서 철봉을 잡는 고난도 동작을 흠잡을 데 없이 펼친 그는 경기장을 가득 채운 관중을 사로잡았다. 하지만 착지할 때 아주 작은 실수를 하는 바람에 한 발 앞으로 나갔다. 그의 점수는 9.725였다.

전광판에 그의 점수가 표시되자 올림픽에서 아주 보기 드문 장면이 연출됐다. 관중 모두가 일어나 네모프의 이름을 연호하고 야유를 보내며 턱없이 낮은 점수를 준 심판에게 분노를 표시한 것이다. 격렬한 항의 탓에 경기가 중단되었고 준비를 마친 네 번째 선수 미국의 폴 햄은 어찌할 바를 몰라 하며 마냥 서 있었다.

대기석에 앉아 있던 네모프는 자리에서 일어나 그를 향해 환호하는 관중에게 손을 흔들며 진정시켰다. 그는 상체를 깊이 숙여 자신에게 보내는 응원과 지지에 감사의 뜻을 표했다. 하지만 관중의 기세는 좀처럼 수그러들지 않았다. 일부 관중은 두 주먹을 내밀거나 엄지를 아래로 향하는 등 거친 동작까지 동원해 분노를 표출했다.

결국 심판진은 네모프의 경기를 다시 채점해 9.762점으로 정정했다. 하지만 이 점수는 관중의 분노를 가라앉히기는커녕 오히려 경기장 전체에 야유가 더 번져나가게 만들었다.

바로 그때 네모프는 비범한 인격과 넓은 도량을 드러냈다. 그는 다시 경기장에 올라서 오른팔을 들어 관중에게 인사하고 몸을 숙여 감사의 마음을 전했다. 그리고 오른손 검지를 펴서 입술에 대 조용히 해달라 부탁했다. 그는 손바닥으로 아래를 향해 눌러 냉정을 권하면서 폴 햄 선수가 경기에 집중할 수 있게 해달라고 간청했다.

네모프의 관용적인 태도 덕분에 10여 분이나 중단된 경기가 재개되었다. 네모프는 금메달을 놓쳤지만 관중은 그를 '승자'라고 여겼다. 그는 관용으로 경기장을 정복했다.

관용의 마음가짐만 있다면 마음속에 응어리가 생기지 않는다. 이후 한 인터뷰에서 네모프는 착지에서 분명히 실수를 했고 채점은 심판들의 몫이라고 말했다. 만약 그가 실수를 후회하거나 심판을 원망했다면 일은 걷잡을 수 없이 커졌을 것이다. 그는 철봉을 사랑했기에 또 다른 기회가 오리라고 보았다. 비록 금메달은 놓쳤지만 수많은 관중의 응원을 얻었으니 어찌 행복하지 않겠는가?

아마 살면서 타인의 무례나 무신경함에 상처를 입은 적 있을 것이다. 이런 일을 당했을 때 어떤 사람은 그 일을 절대 잊지 않고 복수를 다짐하며 미움과 원한을 품는다. 반면, 어떤 사람들은 관용의 마음가짐으로 천천히 상처를 잊는다. 삶이 아름다운 꽃 한 송이라면 미움과 원한은 천천히 꽃잎을 갉아먹는 벌레다. 오직 관용의 마음가짐만이 물과 거름을 주어 아름다운 꽃을 피울 수 있다. 사람과 사람은 서로 얽히고설켜 사회를 구성한다. 이 안에서 더 행복한 삶을 영위하려면 반드시 관용을 기억해야 한다.

스트레스를 벗어던져라

집착과 탐욕으로 자신을 몰아치면 스트레스를 피할 수 없다. 스트레스는 점점 더 크고 무
거워져서 옴짝달싹할 수 없을 정도로 당신을 내리누르고 삶은 고통과 번뇌로 가득 찰 것
이다. 행복하려면 내려놓을 줄 알아야 한다. 스트레스를 벗어던지고 자신을 더욱 자유롭게
만들자.

시간이 종이 한 장이고 사람이 펜이라면, 인생은 종이 위에 펜으로
완성한 글 한 편과 같다. 인생이라는 글을 찬찬히 읽어보면 곳곳에서
스트레스가 눈에 띈다. 경쟁이 치열한 현대 사회에 살면서 스트레스
를 완전히 피할 수는 없다. 관건은 스트레스가 자신을 억누를 때 스스
로 내려놓을 줄 아는 것이다.

죽음을 앞둔 사람에게 사업, 집, 자동차, 재산, 지위 등이 다 무슨 소
용인가? 너무 많이 가지려고 집착한 나머지 스스로 스트레스 받지 말
자. 시간이 있으면 가족과 함께 보내고 돈이 있으면 부모님께 효도하
는 편이 낫다. 더 큰 집으로 가려고 애쓸 필요 없다. 단칸방에서도 사
랑하는 사람과 함께 있으면 행복하니까.

사업, 집, 자동차, 재산, 지위를 모두 가졌어도 행복이 당신 곁에 없다면 삶은 무의미할 뿐이다. 스트레스가 없어야 어려운 상황에서도 즐거움을 얻을 수 있다. 지금 당신을 괴롭히는 고통과 좌절을 살펴서 가장 큰 스트레스를 유발하는 것을 찾아내 포기한 후, 그 자리를 긍정의 믿음으로 채워 넣어야 한다. 당신의 삶을 무겁게 만드는 것에 작별인사를 고하는 것이다. 그러면 당신의 삶은 분명히 더욱 충실하고 열정적으로 변화할 수 있다.

내려놓는 것은 일종의 지혜다. 스트레스는 번뇌, 열등감, 나태와 함께 당신의 삶과 영혼을 피폐하게 한다. 내려놓을 줄 아는 자만이 홀가분하게 앞으로 나아갈 수 있다.

첫 번째 앨범이 크게 성공한 후, 쑨옌즈의 삶은 박수와 환호로 가득했다. 인기를 계속 이어가기 위해 그녀는 쉬지 않고 일했다. 녹음, 홍보, 콘서트, 광고 촬영 등 다람쥐 쳇바퀴 돌듯 미친 듯이 일했다. 그러다 결국 그녀는 스트레스로 숨도 제대로 쉬지 못할 지경이 되었다. 2003년 어느 날, 그녀는 작은 목소리로 말했다.

"나 지쳤어."

이후 그녀는 모든 일에서 손을 떼고 1년의 휴식 기간을 가졌다. 쑨옌즈가 복귀했을 때 사람들은 그녀가 1년 동안 무엇을 하며 지냈는지 무척 궁금해했다.

"아무것도 하지 않았어요. 그저 평범하게 아주 단순한 생활을 했습니다."

정말 그녀는 뭔가를 새로 배우지도 않았고 노래 연습도 하지 않았다. 연애도 좀 하고 친하게 지내는 언니, 동생들과 수다 떨고, 귀여운

치와와 두 마리를 돌보았다. 또 직접 새 집을 꾸미고 인터넷 쇼핑도 했다. 그림을 그리고 요리도 했으며 뉴욕, 일본, 태국을 여행했다. 그녀는 그렇게 평범하고 행복한 시간을 감사히 생각하며 실컷 누렸다.

다시 무대로 돌아간 쑨옌즈는 예전보다 감정이 더 풍부해졌으며 얼굴에서는 광채가 났다.

쑨옌즈는 스스로 내려놓을 줄 알았기에 힘들고 지쳤을 때 뒤도 안 돌아보고 떠났다. 덕분에 그녀는 평범한 생활에서 커다란 행복을 느끼고 더 높이 도약하기 위한 에너지를 얻었다. 만약 다른 사람처럼 인기와 수입에 집착했다면 결국 스트레스로 자신을 무너뜨렸을 것이다.

스트레스 해결 방법을 몰라 혼자 끙끙 앓지 마라. 적극적으로 주변에 도움을 구하면 방법이 나오게 마련이다. 내려놓지 못하고 혼자 전전긍긍해봤자 초조하고 불안할 뿐, 상황은 조금도 나아지지 않는다. 다른 사람과 이야기해보면 너무도 간단한 일인데 혼자 해결하려니 그렇게 복잡한 것이다.

삶이 기나긴 전투라면 당신은 홀로 막사에서 전략을 짜는 장군이다! 전략을 짜는 데 온 신경을 쏟아부어도 부족할 판에 큰 스트레스가 당신을 내리누른다면 무슨 일이 제대로 되겠는가? 내려놓으면 마음이 안정되고 편안한 삶을 살 수 있다. 이것이야말로 현명한 사람만이 할 수 있는 삶의 태도다. 지금 당장 스트레스를 벗어던지고 행복을 힘껏 껴안아보자!

대범함이 행복을 부른다

하버드대 성공학 명강의

사실, 행복은 더없이 간단하고 평범하다. 사람들은 원하는 바를 이루면 행복을 느끼지만 마음속 수많은 욕망을 전부 만족하기란 어려운 일이다. 이때 대범함을 발휘해야 한다. 대범한 사람은 어떠한 상황에서도 행복하다.

사람은 평생 욕망에 이끌려 산다. 더 많은 돈을 벌기 바라고, 더 큰 집에 살기 바라고, 사업이 더 잘되기 바라고, 더 높은 직위를 바라고, 더 행복한 생활을 바라고……. 욕망은 언제 어디에나 있다. 사실, 욕망 자체가 나쁜 것은 아니다. 문제는 사람 일이 그렇게 바란 대로 되지 않는 데 있다. 욕망이 채워지지 않았을 때 어떤 마음가짐을 가져야 할까? 이때 바로 대범함이 필요하다.

대범한 사람은 물질에 기뻐하거나 슬퍼하지 않고, 달관한 태도로 만족을 느끼며 담담히 즐거움을 찾는다. 그래서 이들의 삶은 언제나 가볍고 편안하며 행복하다. 대범하지 않고 속 좁은 사람은 원하는 것을 이루지 못하거나 마음먹은 대로 되지 않으면 불평불만을 즉시 터뜨린다. 이들은 대부분 명예와 이익을 좇는 데 혈안이 되어 있다. 그러면서 하루에도 몇 번씩 슬픔, 고뇌, 미움, 원한, 원망을 오가며 심한 감정 기복을 겪는다. 이런 상태로는 일과 생활을 모두 정상적으로 해내기 어려우며 심신의 건강까지 해치기 십상이다. 심할 경우 인생 전체를 무너뜨릴 수도 있다. 솔직하게 말해서 얻는 것보다 잃는 것이 더 많은 삶도 있다. 하지만 그렇다고 해서 우울과 좌절에 빠진다면 실제 잃은 것보다 더 많이 잃게 될 것이다. 따라서 일이 뜻대로 되지 않아도 반드시 용감하게 대면하고 대범하게 처리해야 한다.

대범함은 진리이자 선(善)이고, 아름다움이자 숭고함이며, 성숙함이자 정신의 높은 경지이다.

삼복더위에 절 앞마당의 풀이 모두 말라 죽었다. 심부름꾼이 큰스님을 찾아가 말했다.

"풀씨를 좀 뿌려야겠습니다."

"그냥 두어라. 때가 오겠지."

추석 즈음, 큰스님은 풀씨 한 포대를 사와서 심부름꾼에게 뿌리도록 했다. 하지만 가을바람에 풀씨가 모두 흩어지고 말았다.

"풀씨가 전부 날아갔습니다!"

"그냥 두어라. 날아간 것은 대부분 속이 비었을 테니 땅에 앉았어도 싹을 틔우지 못했을 것이다."

며칠 후, 병아리 몇 마리가 앞마당에서 풀씨를 쪼아 먹었다. 심부름꾼이 이 사실을 알리자 큰스님은 불경을 넘기며 말했다.

"그냥 두어라. 남은 것이 있겠지."

그날 밤 큰비가 내렸다. 심부름꾼이 풀씨가 모두 물에 쓸려갔다고 하자 좌선 중이던 큰스님은 눈을 감은 채 말했다.

"그냥 두어라. 다 이유가 있겠지."

반달이 흘렀다. 온통 회색빛이던 절에 파릇파릇 싹이 났다. 심부름꾼이 풀씨를 뿌리지 않은 절 구석구석에도 모두 초록빛이 비쳤다. 심부름꾼은 신이 나서 박수를 쳤고 큰스님은 선방 앞에 서서 고개를 끄덕였다.

큰스님의 "그냥 두어라."는 신경 쓰지 말라는 의미가 아니라 자연의 순리에 따르라는 의미다. 원망하지도 애쓰지도 말고 억지로 강요할 필요도 없다. 또 큰스님은 안달복달하는 심부름꾼에게 "그냥 두어라."라는 말로 일희일비하지 말라는 뜻을 전했다. 이것이야말로 대범함의 극치가 아니겠는가! 바람에 날리고 비에 쓸려간 풀씨는 절 어딘가에서 분명히 싹을 틔울 것이다. 지금 당신 손에 없는 것도 어딘가에서 꽃을 피우고 결실을 맺었을 테니, 잡지 못했다고 서운해할 필요 없다.

대범하지 않으면 평화롭기 어렵고, 평화롭지 못하면 행동이 부자연스럽다. 영국의 종교 철학자 윌리엄 템플은 말했다.

"겸손이란 타인보다 자신을 소홀히 여기는 것이 아니며 자신의 가치를 우습게 생각하는 것도 아니다. 겸손은 자신에게서 온전히 자유로워지는 것이다."

최근 누군가와 벌인 논쟁을 생각해보자. 아마 깜짝 놀랄 정도로 하찮은 일일 것이다. 그때 당신이 조금만 더 대범하게 대했다면 논쟁이 일어나지 않았을 수도 있다.

좀 더 대범하게 살자. 그래야 행복해진다.

하버드 성공학 명강의 노트

★ ★ ★

삶은 항상 환상적이지도 항상 비극적이지도 않다.
그러므로 각종 불행과 고난을 따지며
과도하게 매달리는 일은 아무 의미가 없다. 삶은 아무것도 약속하지 않는다.
당신이 응당 받아야 할 것이란 원래부터 없었다.
그저 전심전력을 다해 스스로 선택하고 쟁취하는 것만 얻을 수 있는 법이다.

PART 6

행복한 인생,
어떻게 철학을
접목할 것인가?

철학은 우리 일상에서 떼려야 뗄 수 없는 실제적 학문이다. 철학이 던지는 문제들은 우리 모두에게 영향을 미친다. 삶을 어떻게 바라볼 것인가? 나를 어떻게 정의할 것인가? 이상을 어떻게 확립할 것인가? 어떻게 자신감을 끌어올릴 것인가? 어떻게 고난을 마주하고 극복할 것인가? 성공과 실패의 차이는 무엇인가? 이러한 갖가지 질문에 답을 구하는 것이 바로 하버드 철학이 추구하는 방향이다. 이 장을 통해 하버드의 철학을 이해하고, 그 본질을 받아들이자. 그러면 당신의 인생은 더 여유롭게 순항할 것이다.

손안의 운명,
오늘 선택이 내일의
당신을 결정한다

자신감이 운명을 좌우한다.

헬렌 켈러, 퓰리처상 수상

인생은 럭비와 같다. 이 둘 모두 엔드라인을 향해 전력 질주해야만 한다.

프랭클린 루스벨트, 미국 제32대 대통령

운명은 손안에 있으니,
스스로 미래를 만들라

하버드대 성공학 명강의

불행과 좌절을 겪은 사람들은 이 모든 것이 '운명의 장난'이라고 생각한다. 그러면서 어차
피 이렇게 정해진 운명이라면 바꿔보려고 아등바등하느니 그냥 순응하는 편이 낫다고 여
긴다. 하지만 애초부터 어둡고 불행한 것으로 정해진 운명이란 없다. 운명은 언제나 손안
에 있으니, 용감하게 나서 인생을 바꾸라. 인생의 주인은 바로 당신이다!

살다 보면 뜻대로 되지 않는 상황에 부딪히게 마련이다. 어떤 이들
은 일이 원하는 대로 풀리지 않거나 곤경에 처하면 으레 타인의 힘을
빌려 상황을 바꾸려고 한다. 이런 사람들은 세상에 믿고 의지할 존재
가 오직 자신뿐이라는 사실을 모른다. 어떻게 타인은 믿고 의지하면
서 정작 자신에게는 그러지 못하는가? 길은 발아래에 있다. 그러니 스
스로 운명을 결정하는 신이 되어 직접 나아갈 길을 만들어야 한다. 하
늘은 스스로 돕는 자를 돕는다고 했다. 꾸준히 자신을 강하게 만들며
거듭 도전하는 사람에게만 하늘이 기회를 주는 법이다.

빌 게이츠는 살면서 부딪히는 의외의 변수나 돌발 상황 역시 사실
은 스스로 만든 것이라고 했다. 또한 그는 예상하지 못한 어려움과 위

기란 직접 심은 씨앗이 땅속에서 일정한 숙성 기간을 거쳐 드러난 것에 불과하다고 여겼다. 그러니까 사람의 운명이란 결국 자신이 만든 것이라는 의미다.

우리는 손안에 쥐어진 운명을 잘 다스릴 줄 알아야 한다. 아주 작은 선택과 결정이더라도 하나둘 쌓이다 보면 미래의 성공과 실패에 영향을 미칠 수 있기 때문이다.

한 사람이 큰스님을 찾아 운명에 대해 물었다.

"운명이라는 것이 정말 있다면 제 운명은 어디에 있을까요?"

큰스님은 그의 왼쪽 손바닥을 하나씩 짚어가며 설명했다.

"보입니까? 여기 이 가로지른 선이 애정선입니다. 또 이 선은 사업선이고요. 이쪽에 이 세로선은 생명선이지요."

큰스님은 그에게 주먹을 쥐어보라고 한 후 다시 물었다.

"아까 말한 그 선들은 지금 어디에 있습니까?"

"제 손안에 있습니다!"

"그렇다면 당신의 운명은 어디에 있습니까?"

그는 마침내 큰 깨달음을 얻었다!

인생이란 선택과 결정의 연속이므로 미래와 운명은 결국 당신의 손안에 있다. 그러니 포기하지 않고 노력한다면 원하는 바를 이룰 수 있다. 살면서 위기, 난관, 불행을 피할 수는 없지만 이 또한 언젠가는 다 지나간다. 어려운 일을 만나면 "별거 아냐!"라고 거듭 말하자. 그까짓 일 때문에 산산이 부서질 수는 없다고 스스로를 격려하자.

기나긴 인생에서 항상 햇빛 찬란한 꽃길만 걸었다고 말할 수 있는 사람이 몇이나 되겠는가? 절대 큰 불행을 당하거나 좌절한 일 없다고 호언장담할 사람이 정말 있을까? 그럼에도 사람들은 종종 타인의 화려한 성공만 바라볼 뿐, 그가 걸었던 험난한 가시밭길은 보지 않는다. 타인의 성공이 쉽고 간단해 보이니까 자신도 그럴 거라고 생각한다면 정말 큰 코 다칠 수 있다. 성공으로 가는 여정에서 아주 작은 좌절에도 쉽게 포기하고 심지어 아예 그 길에서 벗어나버리는 사람이 많은데, 이처럼 실패가 두려워 전진할 용기를 내지 못한다면 가슴에 품은 꿈은 결코 이룰 수 없다.

마음먹은 일을 시작했을 때 겪은 갖가지 어려움, 그리고 당신을 실의에 빠지게 한 암담한 상황들은 언젠가 반드시 보상으로 돌아온다. 가다가 넘어지더라도 포기하지만 않는다면 다시 올라갈 방법이 보이게 마련이다. 힘을 내어 다시 올라간 그 순간부터 당신의 인생은 마치 봄 새싹처럼 매일 더 성장하고 더욱 풍요로워질 것이다. 춥고 어두운 구석에서 출발해 밝고 화려한 곳을 향해 떠나는 것이야말로 인생의 진짜 묘미 아니겠는가!

작은 물방울도 쉬지 않고 떨어지면 큰 바위에 구멍을 낸다. 마찬가지로 아주 작은 노력과 행동일지라도 멈추지만 않는다면 미래에 이룰 성공의 기초가 된다.

인생은 끝이 보이지 않는 길을 걷는 것과 같다. 지나간 일에는 미련을 두지 말고 손에 쥔 운명을 잘 다스려야 한다. 힘들어도 멈추지 않고 전진하다 보면 저 멀리 밝은 희망과 성공의 빛이 찬란하게 빛날 것이다!

운명을 지배할 것인가,
운명에 지배당할 것인가?

운명을 지배하지 못하면 결국 운명에 지배당하고 만다. 그러면 당
신은 곧 운명의 꼭두각시로 전락할 것이다. 자신을 운명에게 내어주
는 순간, 영혼은 사라지고 빈껍데기 육체만 남는다.

인생은 먼 바다로 떠나는 항해와 같아서 용감한 사람만이 자기 운
명을 결정하는 배의 키를 잡을 수 있다. 어쩌면 배를 통째로 삼켜버릴
것 같은 거센 풍랑을 만나 죽음의 문턱에까지 갈지도 모른다. 그럼에
도 끝까지 키를 놓지 않은 사람만이 따사로운 햇볕이 쏟아지는 곳에
닿을 수 있다. 신은 참으로 공평하게도 누구에게나 한 번의 삶을 부여
했다. 따라서 운명을 지배할 기회는 누구나 단 한 번뿐이다. 이처럼
소중한 기회를 쉽게 포기해서야 되겠는가?

한 학자가 군부대의 강연 요청을 받았다. 부대 측은 공항으로 병사 한 명을 보내 학자를 부대까지 안전하게 모시도록 했다. 학자를 마중한 병사는 깍듯하게 주차장으로 안내했다. 그런데 채 몇 발 가기도 전에 병사는 돌연 한 노인에게 달려갔다. 그는 택시 승강장까지 노인의 짐을 들어준 후, 학자가 있는 곳으로 돌아왔다. 또 몇 발짝 뗐을까. 병사는 또다시 학자를 두고 혼자 앞으로 달려갔다. 그는 인파에 떠밀려 휘청대는 여성에게 가 우선 그녀가 안고 있던 아기를 받았다. 그런 후, 아기와 엄마가 혼잡한 공항을 안전하게 빠져나갈 수 있도록 도왔다. 그는 다시 학자에게 돌아왔지만 두리번거리는 외국인이 눈에 띄자 길을 가르쳐주기 위해 또 달려갔다.

공항에서 주차장까지 가는 그 짧은 시간 동안, 병사는 학자를 세 번이나 기다리게 하면서 기꺼이 사람들을 도왔다. 학자가 물었다.

"남 돕는 것을 정말 좋아하는군요. 어디서 그런 친절을 배웠지요?"

"전쟁터에서 배웠습니다. 전우들이 눈앞에서 하나씩 쓰러지는 모습을 보며 어쩌면 다음번은 제 차례일지도 모른다고 생각했습니다. 발을 들었다가 땅을 내딛는 순간마다 항상 죽음의 공포가 엄습했습니다. 그때는 발걸음 하나하나가 생명과도 같았습니다."

"맡은 임무가 무엇입니까?"

"저는 지뢰 제거 부대 소속입니다."

병사는 처참한 전쟁터에서 발을 들었다가 다시 땅에 내딛는 찰나가 곧 생명이라는 깨달음을 얻었다. 1초 뒤, 1분 뒤에 죽을지도 모르는 상황에서 존재의 의미를 생각하다니! 이것은 정말 아무나 할 수 있는 일이 아니다. 운명을 마주한 병사는 자신의 내면을 더욱 강하고 아름답게 만들었다. 그리고 사람들을 도우면서 인간과 삶, 생명에 대한 경외를 드러냈다.

독일의 소설가 프란츠 카프카는 일기에 이렇게 썼다.

'힘든 삶을 사는 자는 자신의 운명을 덮고 있는 절망을 걷어낼 손 하나가 필요하다. …… 동시에 그는 반드시 다른 한 손으로 폐허 더미에서 본 것을 기록해야 한다. 왜냐하면 그는 다른 사람들과 다른 것을, 더 많이 보았기 때문이다.'

카프카는 평생 고독과 우울함에 시달리며 살았다. 그는 한 손으로 자신의 삶을 어둡게 만드는 자욱한 안개를 휘젓는 동시에 다른 한 손으로는 글을 써서 인생의 의미와 가치를 전파했다.

처음 사회에 뛰어든 젊은이들은 종종 특유의 패기와 에너지로 무장하고서 그 무엇도 자신이 가는 길을 막지 못하며 세상에 못 할 일이란 없다고 생각한다. 하지만 절대 꺼지지 않을 것 같던 그 열정은 아주 작은 좌절과 실패를 거듭 겪으면서 식고 만다. 그리고 크게 실망한 채 불공평한 운명과 불공정한 세상을 탓하며 인생을 낭비한다.

운명을 지배할 것인가, 운명에 지배당할 것인가? 이것은 성공을 갈망하는 사람들이 가장 관심 있고, 반드시 해결해야 하는 중요한 문제다. 강한 사람만이 운명을 자신의 손아귀에 넣고 지배할 수 있다. 그리고 이런 사람만이 비로소 성공한다.

치열한 경쟁과 감당하기 힘든 갈등에 부딪힌 사람들은 어찌할 바를 몰라 당황한 나머지 종종 일종의 공황 상태에 빠진다. 이런 사람들은 자신과 달리 문제를 과감하게 척척 해결하는 사람들을 보면서 더욱 의기소침해진다. 그리고 나약하고 바보 같은 자신의 모습을 보이기 싫어서 아무도 모르게 조용히 인생의 무대에서 내려온다. 역사책만 읽어봐도 한 분야의 대가나 성공한 사람은 이와 정반대인 것을 쉽게 알 수 있다. 그들 역시 경쟁과 갈등을 분명히 겪었다. 하지만 전혀 흔들리지 않으며 오히려 그 안에서 성공의 씨앗을 찾아 기어코 꽃을 피웠다.

인생이라는 항해에서 가장 중요한 것은 배의 키를 누가 잡느냐, 그리고 얼마나 단단히 잡느냐다. 좋은 운명과 나쁜 운명이란 사실 스스로 결정하는 것이다. 자신의 인생을 계획하고 그에 따라 거침없이 나아가야 기적이 생긴다. 일단 할 수 있다고 믿어야 잠재력을 충분히 발휘할 수 있고, 성공의 목표를 향해 다가갈 수 있다. 혹시 아직도 다른 사람의 도움을 기다리고 있는가? 그렇다면 지금 이 시각부터 당장 변화하라!

남들이 뭐라고 하든
자기 길을 가라

하버드대 성공학 명강의

우리는 모두 각자의 생활방식과 원칙이 있다. 그러나 타인의 의견에 지나치게 신경 쓰면 이런 것들이 모두 점점 흐릿해져 결국 사라진다. 주관이 사라지고 자아를 잃은 채 사는 것이 무슨 의미가 있겠는가? 당신의 인생은 당신 자신의 것이지, 다른 이의 것이 아니다. 당신의 인생을 타인이 설명할 수도 드러낼 수도 없다. 각자 속한 위치와 자기만의 행복이 있는데 타인의 말 따위에 신경 쓸 필요가 뭐 있는가?

하버드의 교수들이 생각하는 '가장 참을 수 없는 일'이란 무엇일까? 바로 자기 자신이 될 수 없는 것이다. 그들은 육체와 영혼에서 모두 자아를 지킬 수 없는 일이야말로 가장 괴롭고 슬픈 일이라고 생각한다. 스스로 옳다고 확신한다면 용기 있게 자신의 길을 걸어가야지, 타인의 생각이나 말에 휘둘린 채 결정을 미루어서는 안 된다.

실상, 타인의 말을 듣고 그대로 믿어서 자신의 원칙과 입장을 잃고 성공으로부터 멀어지는 사람이 허다하다. 따라서 누군가 당신의 꿈이 절대 실현될 리 없다고 말한다면 즉각 '귀머거리'가 되어야 한다!

성공의 가장 중요한 공식이 뭘까? 바로 명확한 꿈 위에 끝까지 하겠다는 의지를 더하는 것이다. 무엇에도 흔들리지 않고 자신의 인생을 걸어가기로 결정한 사람은 매우 용감하며 의지가 강하다. 이런 사람들은 꼬리에 꼬리를 물고 연이어 발생하는 좌절과 실패까지 분석하고 연구한다. 그리고 이 과정에서 자신을 더욱 강하게 만들고 스스로 자극해서 용기를 내 끊임없이 새로워진다.

어린 시절에는 모두 각자의 꿈이 있다. 그런데 나중에는 어떻게 되는가? 안타깝게도 어릴 적 꿈을 실현하는 사람은 극소수에 불과하며 대다수는 모두 꿈에서 점점 멀어진다. 꿈을 좇아 무엇을 좀 해보려고 하면 사방에서 비판과 조롱, 부정적 의견들이 쏟아지기 때문이다.

"그런 헛된 꿈은 아예 꾸지도 마!"

"네 꿈은 말도 안 되고 바보 같아. 너무 유치해서 우스울 정도야!"

"꿈은 꿈일 뿐이야. 실현할 수 있으면 애초에 꿈이라고 부르지도 않았지!"

주변 사람들이 이러쿵저러쿵 말하는 것을 이겨내지 못하면 아예 시작도 못하거나 시작했더라도 도중에 포기하기 쉽다. 당신이 불가능한 꿈을 꾸었기 때문이 아니라 타인의 비판과 부정적 견해가 성공을 쟁취할 용기를 잃게 만들기 때문이다. 진정으로 의지가 강한 사람만이 자신의 뜻에 따라 꿋꿋이 성공으로 걸어갈 수 있다.

신이 숫자 0, 1, 2, 3, 4, 5, 6, 7, 8, 9를 늘어놓고 열 사람에게 하나씩 고르라고 했다.

사람들은 좋은 숫자를 차지하기 위해 뒤질세라 앞으로 달려갔다. 9, 8, 7, 6, 5, 4, 3은 금방 주인을 찾았고, 조금 늦게 온 탓에 2와 1을 가진 사람은 자신의 불운을 한탄했다. 그런데 뜻밖에도 자신의 의지대로 기꺼이 '0'을 선택한 사람이 있었다. 다른 사람들은 모두 그를 비웃었다.

"영을 가져다가 뭐에 쓰려고?"

"영은 아무것도 없다는 뜻이잖아! 왜 하필이면 그걸 선택했어?"

하지만 그는 활짝 웃으며 말했다.

"모든 것은 영에서 시작하잖아!"

이때부터 그는 지칠 줄도 모르고 묵묵히 자기 일을 했다. 그리고 얼마 후, 1을 획득해 0을 10으로 만들었다. 그는 또다시 열심히 노력해서 5를 이루어 0을 50으로 만들었다. 그런 후에도 그는 쉬지 않고 온 힘을 다해 하나씩 모든 숫자 뒤에 0을 붙여 10배, 100배, 1천 배, 1만 배로 키웠다. 그는 마침내 가장 크게 성공하고 부유한 사람이 되었다.

루쉰은 말했다.

"세상에는 원래 길이 없었다. 걷는 사람이 많아지면 그것이 곧 길이 되었다."

성공으로 가는 길은 스스로 결정해야 한다. 어떤 길을 걸을지, 어떻게 걸을지, 어떤 자세로 걸을지 역시 자신이 선택하는 것이다.

미국 군인 데비 크로켓의 좌우명은 '옳다고 판단했다면 용감하게 앞으로 나아가자!'였다. 영웅이든 평범한 사람이든 살다 보면 언제나 타인의 비판을 받는 때가 온다. 전쟁에서 큰 공을 세우고 후에 정치가로도 이름을 날린 크로켓도 마찬가지였다. 하지만 그는 흔들리지 않고 자신의 길을 걸었다. 진정한 용기란 다른 사람이 무슨 소리를 하든지 자신의 신념을 포기하지 않는 것이다.

모든 길은 로마로 통한다고 했다. 명확한 목표와 방향을 정했다면 묵묵히 자신의 길을 걸어가자. 도중에 만나는 곤경과 시험은 사실 아무것도 아니다. 저 멀리 보이는 빛을 향해 포기하지 않고 나아간다면 당신의 인생은 더욱 완벽해질 것이다!

Class 2

미래에
후회하지 않으려면
과거가 아닌
현재에 집중해야 한다

지혜로운 자의 강함은 초조함을 마음속 깊이 숨기는 기술에 불과하다.
_스티븐 브래들리, 하버드 경영대학원 교수

부지런한 꿀벌은 슬퍼할 시간도 없다.
_폴 새뮤얼슨, 노벨 경제학상 수상

과거에 집착하는 사람은
행복해질 수 없다

하버드대 성공학 명강의

지금 일분일초를 충실하게 살자. 그 노력의 숨결은 당신이 동경하는 미래를 더욱 또렷하고
아름답게 만들 것이다. 하루하루를 열심히 살면 봄·여름·가을·겨울의 사계절 색깔이 선
명해지고, 매해 그렇게 살다 보면 우리의 인생 전체가 완전하고 만족스럽게 변할 것이다.
과거와 미래는 중요하지 않다! 지금 할 일, 해야 하는 일을 당장 시작해야만 삶이 더 아름
다워질 수 있다.

일상에서 우리는 사랑하고, 상처받고, 울고, 웃으며 시시각각 다양
한 느낌과 감상을 얻는다. 그리고 이것들은 모두 기억 속에 차곡차곡
쌓인다. 나이가 들면서 점점 더 커지는 감정의 누적은 일상에서 비롯
되어 다시 우리 삶을 구성하고 영향을 미친다. 그러니까 삶이란 사실
따뜻함, 사랑, 우정 등 수많은 감정의 집합체인 것이다.

과거에 유감스러웠거나 안타까웠던 일들을 떠올릴 때, 우리는 언제
나 현재의 생활과 비교해 생각한다. 마찬가지로 미래 역시 현재의 상
황과 대비해 상상하고 계획한다. 그래서 삶의 기준은 언제나 현재여
야 한다.

어느 날 플라톤이 스승인 소크라테스에게 물었다.

"행복이란 무엇입니까?"

"저기 보이는 들판을 가로질러서 가장 아름다운 꽃 한 송이를 가져오거라. 한 번 지나간 길을 되돌아가서는 안 되고, 꽃을 딸 기회는 단 한 번뿐이다."

잠시 후 드넓은 들판을 가로지른 플라톤이 아름다운 꽃 한 송이를 가지고 돌아오자 소크라테스가 물었다.

"이 꽃이 들판에서 가장 아름다운 꽃이었느냐?"

"들판을 걷다가 이 꽃이 가장 아름다워 보여 꺾었습니다. 더 아름다운 꽃은 없을 것 같았기 때문입니다. 아름다운 꽃이 많았지만 '내가 딴 꽃이 가장 아름답다'고 생각하며 흔들리거나 후회하지 않았습니다. 스승님, 저는 가장 아름다운 꽃을 가져왔습니다."

"그것이 바로 행복이다."

며칠 후에 플라톤은 다시 소크라테스에게 물었다.

"삶이란 무엇입니까?"

그러자 소크라테스는 이번에는 숲에 가서 가장 아름다운 꽃 한 송이를 가져오라고 했다. 이전에 한 번 경험이 있는 플라톤은 흔쾌히 숲으로 들어갔다. 하지만 사흘이 흐른 후에도 그는 돌아오지 않았다. 걱정이 된 소크라테스는 직접 숲으로 가서 플라톤을 찾았다. 놀랍게도 그는 숲속에 허름한 천막을 친 채 지내고 있었다.

"왜 여기에 있느냐? 가장 아름다운 꽃을 찾지 못한 것이냐?"

플라톤은 천막 옆에 있는 꽃을 가리키며 말했다.

"저 꽃이 가장 아름답습니다."

"그런데 왜 가져오지 않았느냐?"

"제가 저 꽃을 꺾으면 금세 시들고 말라버릴 것입니다. 꺾지 않더라도 시간이 흐르면 결국 시들겠지요. 그래서 저는 꽃이 가장 화려하고 아름답게 피었을 때 그 옆에서 지내기로 했습니다. 시간이 흘러서 꽃이 시들어 떨어지면 그때 또다시 가장 아름다운 꽃을 찾으면 되겠지요. 그러면 그것은 제가 두 번째로 찾은 가장 아름다운 꽃이 될 것입니다."

플라톤의 대답을 들은 소크라테스는 웃으면서 말했다.

"너는 이미 삶의 진리를 깨우쳤구나!"

지나간 과거와 오지도 않은 미래를 생각하느라 시간을 낭비하는 사람이 많다. 이들은 부러움을 받을 정도로 화려했던 때를 회상하며 흐뭇해하거나 처참한 실패를 겪어 좌절했을 때를 떠올리며 속상해한다. 또 일과 생활에서 모두 승승장구하는 아름다운 미래를 상상하기도 한다. 하지만 사실 이런 것은 아무런 의미가 없다. 과거는 되돌릴 수 없고, 미래는 알 수 없기 때문이다. 우리가 있는 곳은 과거도 미래도 아닌 현재이며 조정하고 제어할 대상도 오직 현재뿐이다. 그러므로 되돌릴 수 없는 과거를 생각하며 기뻐하거나 슬퍼할 필요가 없다. 오지도 않은 미래를 고민하며 터무니없는 상상에 빠질 필요 또한 없다. 꿈을 실현하고 성공을 거머쥐려면 반드시 현재에 집중해야 한다.

어제가 이미 지나온 길이라면 내일은 멀리서 반짝이는 등불이다. 우리는 현재에 집중하면서 등불을 향해 천천히 다가가야 한다. 멀리 있는 등불이 흐릿하다고 걱정하거나 그곳에 가면 무엇이 있을지 상상하느라 시간을 허비하지 말자. 차라리 지금 일분일초를 충실하게 열심히 사는 편이 훨씬 낫다. 그러면 모호했던 미래가 차츰 뚜렷해지고 훨씬 안정적인 느낌을 얻게 될 것이다.

등불까지 가는 길이 아무리 멀고 힘들어도 일단 가기로 결정했다면 끝까지 가는 것이 좋다. 원망하거나 한탄할 시간에 한 발, 한 발 앞으로 내딛어야 한다. 또한 심사숙고를 이유로 지나치게 앞뒤를 살피며 주저하면서 우유부단하게 행동해서도 안 된다.

오늘에 집중하자. 어제 일을 곱씹고 내일 일을 걱정하느라 당신의 귀한 시간과 에너지를 허비해서는 안 된다. 현재에 집중하며 담담하고 겸허한 마음으로 주어진 상황을 마주해야 한다.

물론 더 나은 미래를 위해 사는 것이 틀렸다고 할 수는 없다. 실제로 많은 사람이 자신의 삶을 아름답게 만들어서 이상에 가장 근접한 인생의 가치를 실현하고자 한다. 하지만 이상과 현실은 다르며 사람의 욕심은 끝이 없다. 꿈꿔왔던 것과 다르다 하여 머리를 감싸고 고개를 숙이며 긴 한숨을 내쉴 필요는 없다. 손에 닿지도 않는 신기루를 멍하니 바라보느라 붕 떠 있지 말고 현재 내가 선 곳에 발을 딱 붙이고 서자. 그리고 성실하게 한 발짝, 한 발짝 나아가며 진실한 행복을 추구하자.

인생에는 리허설도,
재방송도 없다

하버드대 성공학 명강의

'진작 알았더라면……' 같은 한탄은 아무 의미가 없다. 인생에는 리허설도 없고, 재방송도
없기 때문이다. 과거를 곱씹거나 미래를 기대할 시간에 오직 현재에 집중하라. 후회와 고
통 속에 한없이 침울해하며 과거를 등에 업고 사는 사람은 절대 먼 길을 걸어갈 수 없다.
현재에 집중하는 사람이야말로 가장 현명하고 용감한 사람이라고 할 수 있다.

방송에 비유하자면 인생은 '현장 생중계'다. 좋든 나쁘든 한 번 지나
가면 끝이다. 이 현장 생중계에서 우리는 매우 다양한 역할을 맡는다.
그런데 종종 이전 역할에서 남은 감정들, 예컨대 희열·사랑·증오·비
통함이 미처 사라지지 않고 남아서 새로운 역할을 제대로 수행하기
어려울 때가 있다. 그럴 때는 우리의 발목을 잡는 감정들을 과감히 내
던지고 지금 맡은 역할에 집중해야 한다.

살다 보면 잡아야 할 기회를 놓치고, 만나야 할 사람을 지나치기도 한
다. 사람들이 "진작 알았더라면!"을 입에 달고 사는 이유도 여기에 있
다. 명심하자! 인생에는 재방송이 없다. 아무리 땅을 치고 후회해도 불

가능한 일이다. 좋았든 나빴든 지나간 일은 그저 지나간 일일 뿐이다.

유명한 심리학자가 한 대학에서 강연을 시작하며 말했다.

"보통 심리학적 혹은 정신과적 질병은 대략 백여 가지 유형이 있다고 봅니다. 현재 이에 대응할 천여 종류의 치료 약물이 개발되어 있으며 관련 연구 논문 역시 만 부가 넘습니다. 하지만 나는 사십 년 넘게 환자들을 만나 상담하면서 환자들이 앓고 있는 문제가 사실은 그렇게 복잡하지 않음을 알았습니다. 딱 두 마디면 설명할 수 있습니다. 그게 뭘까요?"

청중은 낮은 소리로 웅성거렸지만 자신 있게 나서서 말하는 이는 없었다. 그들은 모두 심리학자의 입에서 어떤 두 마디가 나올지 기다렸다. 심리학자는 미소를 지으며 천천히 말했다.

"그 두 마디는 바로 '진작 알았더라면'입니다! 저는 심리 상담을 하면서 항상 이런 종류의 이야기를 듣죠. '처음부터 열심히 했으면 그 대학에 합격했을 텐데', '일을 조금 줄이고 가족과 시간을 보냈더라면 좋았을 텐데' 하는 말입니다. 우울감을 호소하는 환자들은 언제나 지난 일을 후회합니다. 진작 알았더라면 더 좋았을 거라면서요. 하지만 이런 생각은 환자를 더욱 우울하게 만들 뿐입니다!"

과거가 바꿀 수 없는 것이라면 우리의 선택지는 두 가지다. 하나는 과거에 사로잡혀 이리저리 휩쓸리면서 평생 '진작 알았더라면……'의 동굴 속에 웅크리고 사는 것이고, 다른 하나는 용기를 내어 상황을 받아들이고 내일을 향해 오늘을 열심히 사는 것이다. 지금이라도 잘 살아야 내일 후회하지 않을 것 아닌가! 과거의 실수와 잘못에서 얻은 큰 깨달음을 참고해서 인생의 나침반으로 삼되, 계속 곱씹고 후회하느라 시간을 낭비해서는 안 된다.

나중에 있을지 없을지도 모르는 더 좋은 가능성 때문에 현재의 것을 포기할 수는 없는 일이다. 그렇게 했다가는 결국 후회막급의 상황에 놓일 것이 분명하다.

행복으로 가는 길은 하나가 아니다. 인생은 천천히 흘러가고 길은 수십, 수백 가지이므로 '진작 알았더라면……'이라고 곱씹으며 속상해할 필요 없다. 인연이 없기에 놓쳤고, 어쩌면 이는 더 좋은 기회가 온다는 의미일지도 모르기 때문이다.

어렸을 때 꿈꿨던 것과 좀처럼 인연이 닿지 않을 수도 있고, 사는 것이 너무 힘들어 모든 것을 포기하고 싶을 수도 있다. 하지만 성공과 행복은 마냥 쉽게 얻을 수 없다. 놓쳐버린 기회, 유감스러운 일들 뒤로 최후에 마주하게 될 행복이 더욱 가치 있는 법이다. 당신은 불운과 난관을 겪으며 행복의 소중함을 더 명확하게 알게 될 것이다. 대만 작가 치쉔은 말했다.

"많은 눈물을 흘렸기에 눈이 더 맑아지고, 깊은 슬픔을 맛보았기에 마음이 더 따뜻해진다."

우리의 삶은 살면서 마주하는 '복(福)'과 '화(禍)'가 서로 교차하며 만들어진다. 그러므로 힘든 일을 겪고 감당하기 어려운 슬픔을 느꼈더라도 '진작 알았더라면……'의 늪에 빠져서 괴로워할 필요는 없다. 다음에는 분명히 좋은 일이 생길 거라고, 이 슬픔은 곧 찾아올 행복의 밑거름이라고 생각하자.

과거를 회상하다 보면 모든 순간이 연극의 한 장면처럼 느껴지지 않는가? 스스로 생각해도 매우 황당하고 우스운 행동을 해서 기가 막힐 때도 있고, 그렇게까지 절망할 일은 아니었는데 '왜 그랬을까?' 하는 생각이 들기도 한다. 과거는 그 당시에 현장 생중계였다. 원래 생방송은 항상 돌발 상황이 발생하고, 등장인물이 말도 안 되게 우스꽝스러운 행동을 하기도 한다. 그러므로 과거의 일에 장탄식을 내뱉느니 그냥 한 번 웃고 넘기는 편이 낫다. 미래에서는 현재의 내가 연극의 주인공이다. 미래의 내가 현재의 나를 조소하게 만들어서야 되겠는가?

지금까지 살아온 인생은 일종의 초고(草稿)니까 앞으로 좋게 다듬어서 아름답게 만들면 되지 않냐고 말하는 사람도 있다. 그렇지 않다. 인생에 초고 따위는 없으며 누구에게나 단 한 번뿐이다. 항상 아름답지도 않고, 항상 추하지도 않다. 슬픔과 기쁨, 비통과 행복이 모두 한데 섞여 있는 것이다. 이것이 바로 진실한 삶이다.

다시 한 번 강조하지만 살면서 수많은 유감스러운 일이 있더라도 다 잊고 담담히 현재의 자신에게 집중하자. 그러면 평범하든 위대하든, 가난하든 부유하든 분명 엄청난 가치를 선물받을 것이다.

중요한 것은 '어디서 왔는가?'가 아니라 '어디로 가는가?'이다

회황찬란했든 처참했든 과거는 모두 지나간 일이다! 과거의 영광이 영원하지 않듯이 실패도 계속되지 않는다. 반면, 미래는 무한한 가능성이 있는데 그 가능성을 현실로 만들려면 바로 현재를 충실히 살아야 한다. 아름다운 내일을 만들고 싶다면 당장 오늘부터 시작하라!

영국의 낭만파 시인 퍼시 비시 셸리는 말했다.

"과거와 미래는 완전히 다른 것이다. 오직 현재만이 자신에게 속한 것이니, 놓치지 말고 단단히 붙잡아라."

그렇다. 우리가 좌지우지할 수 있는 것은 신이 우리에게 준 바로 이 순간, 바로 현재다. 오늘은 바로 당신이 한껏 기대에 부풀어 열심히 계획했던 '어제의 내일'이었다. 그런데 이 귀중한 오늘을 어떻게 보내고 있는가? 서둘러야 한다. 오늘은 얼마 지나지 않아 저 멀리 사라질 것이다. 과거가 폐기된 수표라면 미래는 아직 바꾸지 않은 어음이다. 오직 현재만이 당신이 지금 당장 사용할 수 있는 현금이며 가장 실제적인 유통 가치를 보유했다. 지금 쓰지 않고 흘려보내면 당신은 다시 제로에서부터 시작해야 한다.

시간은 쉬지 않고 흘러간다. 차마 돌아보기 싫을 수도 있고, 눈부시게 아름다웠을 수도 있지만 두 경우 모두 일단 흘러간 세월이요 당신의 역사이다. 지금까지 걸어오면서 몇 번 넘어지고 발목을 삐었다고 해서 영원히 무거운 짐을 져야 하는 양 한탄하며 살다가는 현재와 미래를 모두 잃을 것이다. 발을 헛디뎌 넘어졌다면 기어서라도 계속 가라. 멈추지 말고 부지런히 전진하라. 물론 지금까지 살면서 특별한 고난과 역경을 겪지 않았을 수도 있다. 줄곧 박수갈채 속에서 아름다운 꽃길을 즐겁게 걸어온 사람도 분명 있다. 이런 사람 역시 과거의 영광과 명예를 등에 업고 있다면 앞으로 나아가는 발걸음을 떼기가 쉽지 않다. 과거와 미래는 완전히 다르기 때문이다. 과거에 한 번 성공했다고 해서 평생 성공할 거라고 기대해서는 안 된다.

가난한 집의 사생아로 태어난 그녀는 언제나 사람들 앞에서 초라했다. 학교에서도 선생님과 친구들의 경멸 섞인 눈초리를 느꼈다. 마을 주민들은 그녀와 그녀의 엄마를 손가락질하며 뒤에서 수군거리고 험한 말을 했다. 소녀는 자신감을 잃었다. 그녀는 마음을 닫고 사람들을 멀리했다.

소녀가 열세 살 되던 해, 마을에 새로운 목사가 왔다. 마을 사람들은 모두 일요일마다 교회에 가서 예배를 드리고 목사의 설교를 들었다. 목사는 따뜻하고 배려가 넘쳤으며 인격적으로 훌륭했다. 소녀 역시 교회에 가고 싶었지만 감히 엄두가 나지 않았다. 그녀는 일요일마다 교회 근처로 가서 남들 눈에 띄지 않는 곳에 웅크리고 앉았다. 교회 안이 얼마나 아름다운지, 목사의 설교가 얼마나 멋진지 알고 싶었지만 교회 안으로 들어가지는 않았다.

그러던 어느 날 소녀는 용기를 내서 교회로 들어갔다. 가장 뒷줄에 고개를 푹 숙이고 앉은 그녀는 숨죽인 채 목사의 설교를 들었다.

"과거와 미래는 다른 것입니다. 과거의 성공이 미래의 성공을 보장하지도 않고, 과거의 실패가 미래의 실패를 의미하는 것도 아닙니다. 과거의 성공과 실패는 과거의 것일 뿐, 미래는 현재 당신의 행위에 의해 결정되기 때문입니다. 지금 무엇을 선택하고 어떤 행동을 하는지가 당신의 미래를 결정합니다! 실패했다고 의기소침하며 주저할 필요도 없고, 성공했다고 교만해서도 안 됩니다. 여러분이 겪은 성공과 실패는 최종 결과가 아니며 기나긴 인생 속에 일어난 하나의 사건일 뿐입니다. 세상에는 영원히 성공하는 사람도, 또 영원히 실패하는 사람도 없습니다."

목사의 설교에 소녀는 처음으로 마음이 따뜻해지는 느낌을 받았다. 이후 소녀는 일요일마다 교회에 갔다. 하지만 사람들의 눈에 띄는 것이 싫었기 때문에 예배가 시작되면 몰래 들어가 뒷줄에 앉았다가 끝나기 전에 조용히 떠났다.

그러던 어느 날, 소녀는 목사의 설교에 빠져 조금 일찍 떠나는 것을 잊었다. 사람들이 자리에서 일어나자 그제야 정신을 차리고 소녀는 황급히 나가려고 했다. 바로 그때, 그녀의 어깨를 잡는 손이 있었다. 바로 목사였다. 그는 따뜻한 목소리로 소녀에게 물었다.

"어느 댁 따님인가요?"

사람들이 모두 목사와 소녀를 바라보았다. 가장 놀란 사람은 바로 소녀였다. 그녀는 어떻게 대답해야 할지 몰라 멍하니 서 있었다. 소녀의 두 눈에 곧 눈물이 차올랐다. 목사는 자애롭게 웃으며 말했다.

"아! 알겠어요. 당신은 하나님의 자식이군요."

그는 소녀의 머리를 쓰다듬으면서 말했다.

"여기 있는 모든 사람은 너와 같단다. 모두 하나님의 자식이지. 중요한 건 네가 어디에서 왔는가가 아니라 네가 어디로 가려고 하는가란다. 미래에 대한 희망만 있다면 곧 힘이 나고 믿음이 생길 거야. 과거와 미래는 절대 같을 수 없어. 과거의 불행은 그냥 과거일 뿐이야. 지금 가장 중요한 것은 희망이야. 지금 당장 위풍당당하게 걸어 나가서 되고 싶은 사람이 되어야 해! 목표를 명확하게 하고, 마음가짐을 바로하고, 이성적이면서도 긍정적으로 행동한다면 성공할 수 있어!"

목사의 말이 끝나자 여기저기서 박수가 터져 나왔고, 감동한 소녀는 눈물을 펑펑 흘렸다.

이후 소녀의 인생은 완전히 바뀌었다. 그녀는 더 이상 처지를 비관하지 않았으며 소극적으로 행동하지도 않았다. 시간이 흘러 마흔 살이 된 그녀는 주지사 선거에 뛰어들어 당선되었다. 이 소녀가 바로 미국 테네시주 최초의 여성 주지사인 킴 맥밀란이다. 주지사 임기를 마친 그녀는 정치를 그만두고 기업 경영을 시작했으며 다국적기업의 회장 자리에까지 올랐다. 그녀는 예순일곱 살에 발표한 회고록의 속표지에 어린 시절 목사에게 들었던 말을 썼다.

'과거와 미래는 절대 같을 수 없다. 지금 당장 위풍당당하게 걸어 나가서 되고 싶은 사람이 되어야 한다.'

사람은 자신이 속한 하루, 또 하루를 살 수 있을 뿐이다. 오늘은 오늘밤까지이며 내일은 다시 또 하나의 오늘이 된다.

이 말은 헤밍웨이의 연작 단편집 『닉 애덤스 이야기』에 등장하는 구절이다. 소설 속 닉 애덤스는 봉변을 당해 도망치면서 이 같은 이치를 깨달았다. 실제로 인생이 그러하다. 아름다운 미래를 원한다면 현재를 충실하게 살아야 한다. 따지고 보면 우리가 할 수 있는 일은 그것밖에 없다. 과거는 기억할 수만 있고, 미래는 전망할 수만 있을 뿐 우리가 어떻게 해볼 수 있는 일이 아니기 때문이다. 또 설령 과거와 미래를 손바닥 보듯 훤히 알고 있다고 해도 현재를 무시하면 무슨 의미가 있겠는가? 인생은 수많은 오늘로 구성되기에 당신에게 주어진 오늘을 충실히 살면 평생의 행복이 보장된다.

보이지 않는 미래가 아닌,
보이는 현재에 집중하라

오직 현재를 잘 사는 사람만이 즐거움을 온전히 누리고 고통을 짓눌러 없앨 수 있다. 지나
간 과거와 아직 오지도 않은 미래로 도망가지 말고 매우 담담하고 의연한 자세로 지금의
삶을 마주해야 한다.

과거에 구속되지 않고 미래를 걱정하지 않으며 모든 에너지를 지금
이 순간에 투입할 때 당신은 더욱 강력한 힘을 얻을 것이다.

현재 상황은 바뀌지 않으니 내버려두고 차라리 더 나은 미래를 꿈
꾸며 사는 편이 낫다고 여기는 사람도 있다. 하지만 이는 분명 잘못된
생각이다. 현재에 충실하지 않는데 어떻게 새로운 미래가 생기며 심
지어 더 나아지기까지 하겠는가?

1871년 봄, 몬트리올 종합병원에서 한 의과 대학생이 책 한 권을 집
어 들었다. 이 책 속의 한 문장이 그의 뇌리에 박혔고 나아가 그의 인
생까지 바꾸었다. 앞으로 있을 기말시험 성적, 졸업 후의 일자리를 걱

정하느라 잠 못 이루던 그는 이 문장 덕분에 전 세계에서 가장 저명한 내과의사가 되었다.

그는 세계 최고의 의과대학으로 손꼽히는 존스홉킨스 대학을 세웠다. 또 나중에는 옥스퍼드 의학대학의 흠정강좌(欽定講座) 교수가 되었는데 이는 영국에서 의사가 오를 수 있는 가장 명예로운 자리였다. 영국 왕실로부터 기사 작위도 받았다. 사망 후, 그의 일생은 총 1,466쪽이나 되는 두꺼운 책 두 권에 기록되었다. 그는 바로 윌리엄 오슬러 경이다. 오슬러 경이 1871년 봄에 우연히 본 그 문장은 영국의 비평가이자 역사가인 토머스 칼라일이 쓴 것이었다.

'희미한 것이 아니라 손안에 주어진 명확한 것을 실행하는 일이 가장 중요하다.'

미래에 일어날 일을 예측하기는 어렵지만 대신 현재를 정확히 꿰뚫어볼 수는 있다. 다른 사람을 조종할 수는 없지만 자신을 제어할 수는 있다. 앞으로 얼마나 살지는 몰라도 지금의 삶을 계획할 수는 있다. 지금 이 순간을 잘 살면 인생 전체가 아름다워진다.

내일 일을 고민하지 말고 오늘을 잘 살라는 것은 말이 쉽지, 실제로 하려면 참으로 어려운 일이다. 하지만 시도조차 하지 않는다면 영원히 진정한 즐거움과 행복을 얻지 못할 것이다. 아주 성실한 자세로 현재에 임하고, 모든 에너지를 지금 눈앞에 있는 사람과 일, 사물에 쏟자. 그러면 일부러 찾아다니지 않아도 즐거움과 행복이 알아서 찾아올 것이다. 어제는 이미 역사가 되었고, 내일은 아직 알 수 없다. 오직 현재만이 신이 우리에게 선사한 최대의 선물이다.

담대히
죽음을 마주해야
더 잘 살 수 있다

현실을 직시하는 것이야말로 진정한 용기다.

랄프 왈도 에머슨

세상은 현실에 급급하고 너무 빠르게 외부 세계를 향해 질주하는 나머지
정신세계를 돌아볼 겨를이 없다. 자신을 되돌아보는 것은
기쁜 마음으로 정원을 산책하는 것과 같다.

윌리엄 제임스

죽음은 삶의 일부다

죽음에 대해 생각하는 것은 사실 죽음 자체가 아니라 생명, 삶에 대해 생각하는 것이다. 죽음을 깊이 생각하면 할수록 그것이 당신의 주변 어디에나 있고 그렇기에 삶을 잘 살아야 한다는 결론이 나올 것이다. 죽음을 두려워하며 어떻게든 피하려고 애쓸 필요도 없고, "어차피 죽을 거니까."라며 막 살아서도 안 된다. 죽음은 우리가 좌지우지할 수 있는 일이 아니기 때문이다.

태어남은 시작이고, 죽음은 끝이다. 인생이라는 긴 여정 속에 살면서 우리는 죽음을 원하는 대로 선택할 수도 조정할 수도 없다. 죽음이란 일종의 자연 법칙이기 때문이다. 대신 우리는 삶을 걸어가는 방식을 선택할 수 있다.

죽음을 너무 두려워한 나머지 매일 생로병사를 걱정하고 불안해할 필요는 없다. 신은 우리에게 생명을 선사했고, 삶과 죽음을 마주하는 자세를 가르쳤다. 신이 우리에게 생명을 주지 않았다면 죽음의 기회조차 없었을 것이다.

신문을 펴거나 인터넷 뉴스를 살펴보자. 아마 각양각색의 슬프거나 끔찍한 죽음에 관한 기사를 발견할 수 있을 것이다. 살인, 자살, 재난 등등 다 셀 수 없을 정도로 많다. 사실, 죽음은 마치 그림자처럼 언제나 우리 곁에 있었다. 말라비틀어진 낙엽, 시든 꽃잎, 죽은 곤충, 늙어 죽은 애완견, 돌아가신 조부모님, 묘지들…….

죽음은 이토록 가깝고 일상적인 일이며 죽음을 피할 수 없는 사람은 없다. 그러므로 신이 우리에게 부여한 매일을 인생의 마지막 날로 여기고 최선을 다해 살아야 한다. 그래야만 우리가 하는 모든 일에 의미가 부여된다.

1988년 12월, 팬암항공 103편이 스코틀랜드 로커비 마을에 추락했다. 테러리스트의 플라스틱 폭발물이 비행기 앞쪽 수화물 칸에서 터졌기 때문이다. 희생자 중에는 수세 로벤슈타인의 아들도 있었다. 조소 작가인 그녀는 감당할 수 없는 분노와 상실감을 표현하기 위해 고통에 몸부림치는 여인상을 계속 제작했다. 실제 사람보다 훨씬 커다란 이 작품들이 드러낸 고통은 바로 로벤슈타인 자신의 감정이었다. 이 작품들은 모두 '검은 비가'라는 제목으로 전시되었다. 한 인터뷰에서 로벤슈타인은 말했다.

"그녀들은 한 명씩 차례로 내 작업실에 걸어 들어와 조각상 받침대에 올라갔죠. 모두 두 눈을 꼭 감고서 1988년 12월 21일에 그 소식을 들었을 때를 떠올렸어요. 나도 그녀들도 모두 제정신이 아니었죠."

로벤슈타인이 제작한 붉은 갈색 피부의 전라 여인상들은 모두 다양한 방식으로 고통을 드러냈다. 입을 다문 채 침묵하거나, 일그러진 표정으로 절규하거나, 처절하게 통곡하거나……. 그녀는 생명이란 너무도 약한 존재이기에 찰나의 시간에도 사랑하는 사람을 잃을 수 있음을 알리고자 했다.

죽음이란 가장 개인적인 일인 동시에 가장 평등한 일이다. 다가오는 죽음의 시간을 피할 수 있는 사람은 없다. 죽음이 임박했을 때, 사람은 아주 완전하게 그 자신이 된다. 그리고 태어날 때 세상에 없던 존재를 가지고 온 것처럼 다시는 이 세상에 없을 존재를 가지고 떠난다.

죽음은 무서운 대상이 아니다. 쾌락적 개인주의를 주장한 고대 그리스 철학자 에피쿠로스는 말했다.

"살면서 만나는 선과 악, 길과 흉은 모두 감각이다. 죽음은 이러한 감각의 상실에 지나지 않는다. 그러므로 우리는 죽음에 공포를 느낄 필요가 없다. 죽으면 죽음을 느낄 수조차 없기 때문이다."

죽음은 언제 어디서나 마주할 수 있다. 엄밀히 말하면 이 세상에 태어났을 때부터 죽음을 향해 걷는 거라고 할 수 있다. 죽음은 아무리 잘나고 건강한 젊은이라도 아무리 늙고 병에 시달리는 노인이라도 공평하게 대한다. 죽음이란 우리에게 매우 가까이 있는 자연 현상일 뿐이다.

죽음은 생명의 가장 큰 위협이자 도전이며, 절대 도망치거나 저항할 수 없는 일이다. 그것은 생명의 끝에서 우리를 기다리고 있을 뿐만 아니라 언제나 삶과 함께한다. 따지고 보면 태어난 것이 우연이고, 죽는 것은 필연이다.

세상에는 크게 두 종류의 사람이 있다. 항상 자신만만하고 활기에 차 있으며 결코 슬프거나 절망하지 않는 사람, 그리고 하루 종일 고민과 걱정, 고통과 상실감에 빠져서 타인을 질투하다 못해 심지어 해코지하는 사람이다. 두 경우 모두 삶의 본질을 이해하지 못한 채 삶의 작은 부분에 얽매여 전체를 보지 못한다고 할 수 있다.

죽음의 그림자는 세상에 태어난 순간부터 항상 우리를 따라다닌다. 인류가 언제나 죽음에 대한 공포를 느껴온 것도 바로 이 때문이다. 하지만 대다수의 사람은 자신이 죽음에 대해 걱정과 공포를 느끼고 있음을 인지하지 못한다. 이러한 감정을 느끼지 못하는 것은 모두 가면을 쓰고 있기 때문이다. 예컨대 과도한 종교 신앙, 부와 명성에 대한 집착, 끝없이 향락을 좇는 생활 등이다. 이런 것은 '영원할 것'처럼 보이지만 절대 그렇지 않다.

사람들은 모두 피할 수 없는 생명의 끝, 바로 죽음을 향해 걸어가고 있다. 활기차고 빠르게 걷는 사람도 있고, 힘없이 느릿느릿 걷는 사람도 있다. 전자는 인생의 목표를 하나하나 실현하면서 아름다운 인생을 산다. 반면, 후자는 아직 시간이 충분하다고 생각하면서 발걸음을 질질 끌다가 평범하고 무의미한 삶을 산다. 정말 비극적이지 않은가!

뉴스, 신문, 인터넷에는 죽음에 관한 이야기가 가득하다. 매일 그렇게 많은 사람이 죽는데 자신은 건강하게 잘 살고 있다는 생각이 든다면 삶의 소중함과 사랑을 느끼지 않을 수 없다. 아무리 힘들고 어려운 일이라도 나중에는 가볍고 쉬워질 것이다. 삶의 종착지인 죽음을 삶의 일부분으로 여겨야만 이성과 지혜를 얻고 더 나은 삶을 살 수 있다.

미국의 한 관련 연구에 따르면 남성보다 여성이, 백인보다 흑인이, 노년층보다 청장년층이, 종교가 있는 사람보다 없는 사람이 죽음을 더욱 두려워한다. 일반적으로 자아실현 및 자기 제어가 뛰어난 사람은 그렇지 않은 사람보다 죽음에 대한 걱정을 많이 하지 않는다고 한다.

죽음을 걱정하고 초조해하는 사람은 더 많이 일하고, 돈을 벌고, 향락을 추구해서 죽음에 대한 두려움을 머릿속에서 몰아내려고 한다. 마치 타조가 모래 속에 머리를 파묻고 아무것도 보지 않으려는 것처럼 말이다. 이들은 이렇게 하면 마치 죽음의 시간이 더 멀어지거나 오지 않을지도 모른다고 착각한다.

죽음에 대해서 무조건 긍정적인 태도, 혹은 무조건 부정적인 태도를 취해서는 안 된다. 주어진 자원을 이용해서 건강하게 행복한 삶을 살려고 노력해야 한다. 그 과정에서 죽음을 피할 수 없음을 깨닫고 평온하게 받아들여야 한다.

자살은
문제 해결책이 될 수 없다

사람은 자신만의 세계를 이루고 산다. 그가 죽으면 그에 속한 세계도 무너지는 셈이다. 그러므로 반드시 생명을 소중히 생각하고 자신의 삶을 사랑해야 한다. 자살하는 사람들은 스스로 목숨을 끊는 것이 문제를 해결할 방법이라고 생각한다. 자기 손으로 직접 목숨을 끊는 용기가 있는 사람이 어찌 계속 살아갈 용기는 없는가?

어떤 사람들은 이 세상에서 사는 것 자체가 괴롭다. 그래서 이렇게 무의미한 삶을 사느니 차라리 자살을 택해 이제 그만 고통을 끝내려 한다. 자살은 정말 문제를 해결할 수 있을까? 답은 '그렇지 않다'이다.

법학을 공부한 젊은 베르테르는 아직 미래에 대한 목표나 계획을 세우지 못했다. 그는 어머니의 유산을 정리하기 위해 고향으로 갔다가 한 무도회에서 본 로테에게 빠졌다.

하지만 그녀는 이미 알베르트와 약혼한 상태였다. 잠시 떠나 있었던 알베르트가 돌아오자 베르테르와 로테의 사이가 멀어졌다. 베르테르는 알베르트의 등장으로 자신의 사랑이 얼마나 허망한지 깨닫고 로테를 잊기 위해 쓸쓸히 마을을 떠났다.

이후 그는 한 공사에서 일했지만 곧 관료적 문화와 불합리함에 저항하다 파면되고 말았다. 그는 부유한 귀족들로 구성된 사교계에서 인정받지 못하고 방황했다. 설상가상으로 로테와 알베르트가 이미 결혼했다는 소식을 들었다.

크리스마스를 앞둔 어느 날, 베르테르는 알베르트가 없는 틈을 타로테를 만나러 갔다. 하지만 그녀는 다시는 그를 만나지 않겠노라 선언했다. 절망에 빠진 베르테르는 편지 한 통을 쓴 후, 알베르트에게 권총을 빌려 자살했다.

괴테의 초기 작품 『젊은 베르테르의 슬픔』은 출판되자마자 유럽 전체에서 큰 반향을 일으켰다. 그 즈음에 유럽에서 청년들이 연이어 자살하는 일이 발생했는데 당시 사람들은 이를 소설 『젊은 베르테르의 슬픔』의 영향이라고 생각했다.

살다 보면 어느 순간 자신의 삶을 그만 끝내고 싶은 충동이 생긴다. 이는 질풍노도의 사춘기 아이들뿐 아니라 남녀노소에게 가리지 않고 종종 출현하는 감정이다. 그러므로 단순히 자살을 문학 작품 탓으로 돌릴 수는 없다.

육체와 정신의 고통을 벗어나고 싶지만 그럴 수 없을 때, 자살이 자신을 구해줄 수단이라고 여기는 사람들이 있다. 하지만 자살은 결코 문제를 해결할 수 없으며 삶에는 반드시 출구가 있다.

삶보다 더 중요한 것은
바로 존엄이다

『노인과 바다』의 어부 산티아고는 말했다.
"사람은 패배당하기 위해 만들어지지 않았다. 파괴될 수는 있지만 결코 패배당할 수는 없다."
그렇다. 생명이 소멸되어도 정신만큼은 밝은 달처럼 오래도록 살아남는다! 중국의 고대
경전 『시경』에도 이를 강조한 구절이 있다.
'내 마음은 돌이 아니라 구르지 못하고, 내 마음은 명석이 아니라 말지 못하네. 위엄 있고
의젓한 마음가짐은 나무랄 데 없는 것을.'
존엄을 지키고, 존엄을 위해 싸우는 것이야말로 모든 인간이 추구해야 하는 가치다.

생명을 사랑하고 죽음을 두려워하는 것은 인간의 본성이다. 하지만
생명보다 더 중요하고, 죽을지언정 잃을 수 없는 것이 한 가지 있는데
바로 '존엄'이다. 한 사람의 존엄은 그의 기개이자 정의이고, 아름다움
이자 가치이다! 존엄은 세상 만물을 다스리는 것보다 더 중요하다.

사람이 죽음을 두려워할 뿐, 죽음은 사람을 두렵게 만들지 못한다.
죽음을 두려워하지 않으면 오히려 삶의 희망이 생겨난다.
말과 행동에서 정의롭고 바른 인격과 당당한 품성을 드러낸다면 타

인의 존경을 얻을 수 있다. 마쓰시타 전기산업을 설립하고 일본에서 '경영의 신'으로 추앙받는 기업인 마쓰시타 고노스케는 직원들에게 다음과 같이 말했다.

"타인이 자신을 업신여길까 봐 걱정하지 말고 스스로 기개가 없음을 걱정하십시오. 스스로 자신을 중요하게 생각할 때 비로소 타인에게 중요한 사람이 됩니다. 다른 사람들이 여러분의 공정하고 선한 인품을 볼 수 있도록 해야 합니다."

사람이나 사물, 그 무엇을 대하든 자신을 가장 소중히 여길 줄 알아야 한다. 그래야 타인의 존중을 얻고 존엄을 지킬 수 있다.

내면의 부정적
인성과 싸워 이겨
최고의 자신을 만들라

성격은 마치 알파벳 시
(acrostic, 각 행의 처음과 끝 글자를 맞추면 특정한 어구가 되는 시)와 같다.
차례대로 읽든 거꾸로 읽든 교차해서 읽든 어차피 모두 똑같다.

랄프 왈도 에머슨

원하지 않는 세 가지는 바로 사랑, 질투 그리고 두려움이다.

헨리 데이비드 소로, 작가

의심은
신뢰의 가장 큰 적이다

의심이라는 보이지 않는 밧줄은 우리의 생각을 꽁꽁 묶어 옴짝달싹 못하게 한다. 의심이 심해지면 발생할 가능성이 아주 적거나 애초에 발생할 리도 없는 일을 걱정하느라 우울해질 수밖에 없다. 또한 의심하는 사람은 시기 질투가 많아지고 생각의 폭이 좁아진다. 이 때문에 친구를 사귈 수 없고, 고독하고 적막한 삶을 살다가 스스로 심신의 건강을 해친다. 의심의 폐해는 이렇게 막대하므로 반드시 상호 신뢰를 구축해 의심하는 마음을 없애야 한다.

　　의심이 많은 사람은 항상 먼저 모종의 주관적 가정을 세운다. 그러고는 혼자 '합리적인 상상'에 빠져 전혀 연관성 없는 현상을 끌어와서 자신의 가정이 얼마나 정확한지 증명하려 애쓴다. 그래서 시간이 흐를수록 의심이 더욱 심해지는 것이다.

　　근거 없이 떠도는 말, 전해 들은 말이 만들어내는 의심은 마치 독화살처럼 타인과 자신에게 상처를 입힌다. 의심이란 태생적으로 어두운 곳에 기생한다. 그래서 사람의 마음과 생각 한구석에 잠복해 있다가 한순간 그 흉악한 얼굴을 드러내어 의식 전체를 장악한다. 그러면 사람은 자신을 제어할 이성을 잃고 어두운 심연으로 돌진한다.

의심은 인간관계의 독약이다. 마음을 어지럽히고 지혜를 무력화하여 친구와 적을 구분하지 못하게 만들며 심지어 시시비비조차 따질 수 없게 해서 생활을 무너뜨리기 때문이다.

의심이란 '사실에 부합하지 않는 주관적인 상상'을 통한 부정적인 자기암시를 바탕으로 생겨나는 심리적 장애를 가리킨다.

의심이 습관화된 사람은 종종 다른 이를 오해하고 친구에게 상처를 주며 주변 분위기를 불편하게 만든다. 사실, 이런 일은 일상생활에서 제법 흔한 일이다. 그러므로 의심을 없애서 불필요한 갈등과 충돌을 피하고 신뢰관계를 건립하는 것이야말로 인간관계의 기본 원칙이다.

의심은 일종의 병적 심리다. 그것은 왕이 폭정을 일삼게 하고, 연인끼리 질투하게 하며, 현명한 사람이 우매하게 행동하도록 만든다. 용감한 사람도 의심하는 마음이 생길 수 있다. 다만, 강인하고 쉽게 의심하지 않는 천성 덕분에 사실 여부를 철저히 확인할 테니 그리 큰 폐해가 발생하지는 않는다. 하지만 겁 많은 사람은 한 번 의심이 들면 걷잡을 수 없는 지경에 이른다. 그 역시 사실 여부를 확인하고 싶지만 의심에 휩싸여 좀처럼 빠져나오지 못하기 때문에 도리어 진실을 가장 모르는 사람이 된다.

살면서 가장 치욕적인 일은 다른 사람이 뿌린 의심의 씨앗에 스스로 사로잡히는 것이다. 이런 일을 피하고 의심이라는 병에 짓눌리지 않으려면 어떻게 해야 할까? 바로 사람과 사람 사이에 신뢰를 쌓아야 한다. 그리고 온 힘을 다해 상대방의 신뢰에 보답해야 한다.

하버드의 심리학과에서는 다음과 같은 심리 실험을 했다.

한 조의 학생들은 익명으로 다른 조의 학생들에게 일정한 액수의 돈을 빌려줘야 한다. 이때 빌려주는 쪽은 세 가지 중 한 가지 방식을 선택할 수 있다. 첫 번째는 돌려주지 않으면 큰 징벌을 받는다고 정확히 말하는 방식, 두 번째는 앞의 내용을 말하지 않지만 암시하는 방식, 세 번째는 아무것도 하지 않고 그냥 돈만 빌려주는 방식이다. 실험 결과, 세 번째 방식을 선택한 학생 그룹에서 돈을 돌려받은 확률이 제일 높았다. 아무런 의사 전달이나 암시도 하지 않았지만 돈을 빌려가는 사람들에게 최대한의 신뢰를 드러냈기 때문이다.

사회가 지속적으로 발전하려면 반드시 하나의 전제 조건이 있어야 한다. 바로 사회 구성원이 모종의 집단에 속해야 하고 그 안에서 서로에 대한 도덕적 의무와 상호 신뢰감을 구비하는 것이다.

탐욕은 삶을 무겁게 만든다

탐욕은 마음을 흔들리게 하며, 번뇌를 부른다. 모든 것은 인연에 따라 생겨나고 사라지니, 탐욕을 부리지 말아야 진정한 행복을 얻을 수 있다. 밥 한 그릇과 물 한 바가지면 즐거울 수 있는데 왜 탐욕을 부려 마음의 평온을 어지럽히고 스스로 행복을 무너뜨리려 하는가?

배고프면 먹을 것을, 목마르면 마실 것을, 추우면 입을 것을, 힘들면 쉴 것을 바란다. 사람의 일생이란 '바라는 것'의 연속이다. 모든 이는 욕망이 있고, 욕망을 만족하면 행복을 느낀다. 하지만 바란다고 모든 것을 가질 수는 없으니, 욕망은 언제나 적당해야 한다. 러시아의 대문호 톨스토이는 "욕망이 적을수록 인생이 더 행복하다."라고 말했다. 그가 말한 욕망은 의식주 등 삶의 기본 욕구를 만족한 후에 생겨나는 바람을 가리킨다. 돈을 바라는 사람은 돈에 치이고, 권력을 탐하는 사람은 자유를 잃는다. 또 아름다움만 추구하다 보면 정작 자신에게 중요한 것을 상실한다.

욕망은 바닷물과 같아서 마실수록 더 목마르다. 절제를 모르는 과도한 욕망은 탐욕이 된다. 날 때부터 탐욕스러운 사람은 없다. 탐욕이란 후천적 환경 속에서 왜곡된 문화의 영향을 받아 이기심, 약탈, 불만족의 가치관이 형성되어 출현하는 비정상적 심리이기 때문이다.

탐욕스러운 사람은 매일 혼신의 힘을 다해 쉬지 않고 '계산하며' 산다. 심해지면 수단과 방법을 가리지 않고 극단으로 달려간다. 그러므로 우리는 반드시 탐욕의 어두운 동굴에서 멀리 떨어져 마음을 평온하게 해야 한다. 그래야 이득이 있든 손해가 있든 항상 가벼운 마음으로 삶의 기복에 흔들리지 않을 수 있다.

탐욕과 현실 사이에는 골짜기가 하나 있다. 인간의 탐욕은 끝이 없기 때문에 사람은 이 골짜기를 영원히 넘을 수 없다. 탐욕이야말로 인성의 가장 큰 결함이다. 사람들은 종종 탐욕에 휩싸여 자신의 상황이나 약점을 무시하고 오직 욕망을 채우려다 큰 낭패를 당한다. 설령 눈앞에 위험이 뻔히 보여도 피하지 못한다. 탐욕이 두 눈을 덮어 위험을 알아차리지 못하게 만들기 때문이다.

아이러니하게도 그토록 바라는데도 결국 아무것도 얻지 못하는 일이 허다하다. 그럴수록 가지고 싶은 마음만 더 커진다. 이러한 악순환에 빠지면 평생 바쁘고 허둥지둥 살아도 도무지 행복을 느낄 수 없다. 탐욕에 사로잡혀 스스로 자신을 다그치고 괴롭히지 말자. 심신의 피로가 극에 달해서는 아무것도 얻지 못한다.

불교에서는 말한다.

'세상의 모든 호화롭고 사치스러운 것, 명예와 이익에 사로잡힌 욕심의 오랏줄, 욕망의 부침(浮沈)…… 이 모든 것이 사람을 유혹하고 어지럽힌다.'

득과 실, 영광과 치욕, 일어남과 쓰러짐, 이런 것을 신경 쓸수록 마음은 더욱 고통스러워질 것이다. 반대로 버리는 것이 많을수록 마음이 더 편안해질뿐더러 즐거움과 행복 또한 따라온다.

원한은 사람을 다치게 한다

사랑은 세상을 아름다운 천국으로 만들고, 원한은 세상을 비참한 지옥으로 만든다. 원한은 그 즉시 없애지 않으면 자꾸만 커지고 복수심마저 불러일으킨다. 이때 다치는 쪽은 결국 자신이다. 따라서 원한을 버리고 더 넓은 마음으로 세상을 바라보아야 한다.

원한은 여러 인성 중에 가장 저열한 근성이다. 인성의 깊고 어두운 곳에 숨어 있다가 살짝만 건드리면 빠르게 불어나서 생각 전체를 지배한다. 원한을 뿌리째 없애려면 앙심을 품지 말고 무조건 잊어야 하는데, 그러려면 그것으로부터 멀리 떠나는 방법이 가장 효과적이다. 하지만 말이 쉽지, 쉬운 일이 아니다. 모든 사람의 마음에는 많든 적든 원한의 불씨가 존재한다. 우리는 인성의 아름다운 샘물로 이 불씨를 꺼뜨려야 한다. 마음속의 원한을 없애야만 비로소 안정, 편안, 평화, 안락을 얻을 수 있다. 하버드의 교수들은 학생들에게 항상 강조한다.

"원한을 버려야 여러분의 삶이 더욱 유의미해질 수 있습니다."

영웅 헤라클레스가 울퉁불퉁한 산길을 걷는데 발 옆에 달린 조그만 주머니 같은 것이 자꾸만 발에 걸렸다. 그는 이것을 떼어내려고 다른 발을 들어 온 힘을 다해 걷어찼다. 그런데 없어지기는커녕 점점 더 커지는 것이 아닌가! 화가 난 헤라클레스는 옆에 있는 나무 몽둥이를 들어 세게 내리쳤다. 하지만 그것은 자꾸만 더 커져서 산길을 막을 정도가 되었다. 그때 산에서 내려온 노인이 헤라클레스에게 말했다.

"이보게나. 더 건드려서는 안 되네. 그냥 잊어버리고 최대한 멀리 가게! 그것은 원한 주머니라는 거야. 원래는 아주 작았는데 자네가 자꾸 건드려서 커지더니 자네가 가는 길까지 막아버렸지. 결국 자네를 해코지할 거야! 그러니 뒤돌아보지 말고 어서 멀리 가게!"

헤라클레스는 노인의 말대로 그것을 더 이상 건드리지 않고 생각하지도 않았다. 그랬더니 주머니는 점점 작아져서 사라졌다.

원한은 왜 발생할까? 사람들은 종종 상대방이 어떤 방식으로 행동할 거라고 예측한다. 그리고 상대방이 자신의 예측대로 행동하지 않으면 곧 원한을 품는다. 사실, 그는 이 예측에 대해 알지도 못하는데 그대로 하지 않았다고 원한을 품다니 너무 우스운 일 아닌가! 또 많은 사람이 상대방을 용서하지 않으면 그에게 깨달음과 가르침을 줄 수 있을 거라고 착각한다.

하지만 용서하지 않고 계속 원한을 품고 있을 때 상처 입는 사람은 상대방이 아니라 자신이다. 마음속에 원한을 품은 사람은 점점 울화통이 터져 마음의 병이 생긴다. 결국 무너지는 쪽은 자신인 셈이다. 이에 관해 한 철학자는 말했다.

"눈을 들어 똑같은 밤하늘을 바라보고, 함께 우주를 여행하는 동반

자가 되어 똑같이 파란 하늘 아래 사는데, 왜 서로를 적대적으로 대하는가?"

원한을 내려놓자! 그래야만 자신뿐 아니라 모든 이의 삶이 더욱 아름답고 황홀하게 빛날 수 있다.

제프라는 젊은 경찰이 범죄자를 추적하는 과정에서 오른쪽 눈과 왼쪽 무릎에 총상을 입었다. 3개월 후에 퇴원한 그는 완전히 다른 사람이 되었다. 두 눈에 총기가 가득했던 건장한 젊은 경찰에서 거동 불편한 장애인으로 전락한 것이다.

이후 제프는 주변에서 말려도 듣지 않고 그 범인에 대한 수사와 체포 작전에 적극적으로 참여했다. 미국 전역을 거의 다 돌아다녔고, 심지어 부족한 실마리를 찾기 위해 유럽까지 가기도 했다.

10년 후, 그는 마침내 범인을 체포했다. 성공을 축하하는 자리에서 그는 다시 한번 영웅이 되었다. 그리고 얼마 뒤, 제프는 자신의 침실에서 동맥을 끊어 자살했다. 그의 유서에는 이렇게 적혀 있었다.

'몇 년 동안 나는 범인을 잡겠다는 마음을 부여잡고 살았다. …… 나를 이렇게 만든 그놈은 이제 중형을 선고받았다. 이로써 나의 원한은 해결되었고, 살고자 하는 마음도 사라졌다. 지금 나는 그 어느 때보다 절망적이다.'

제프는 가슴에 원한을 품은 채 오로지 그것만 바라보고 살았다. 그리고 목표가 실현된 동시에 삶의 의의를 잃었다.

사랑은 사랑을, 원한은 원한을 낳는다. 분노, 응어리, 울분, 질책 등의 부정적 감정과 그 안의 파괴적인 에너지는 심리뿐 아니라 우리 외모에까지 영향을 미쳐 시간이 흐를수록 생김새까지 흉악하게 만든다. 이것은 당사자뿐만 아니라 주변 사람들에게까지 부정적인 암시를 준다. 좀 더 즐겁고 행복하고 아름다워지기를 바란다면 타인의 장점을 바라보고 기억해야지, 그의 단점을 싫어하고 원한을 가져서는 안 된다.

분노는 영혼을 파괴한다

분노가 솟구쳐 상대방에게 한두 마디 쏘아붙였다면 분명 통쾌할 것이다. 그렇다면 상대방은 어떨까? 그도 당신처럼 통쾌할까? 당신이 내뱉은 말들을 그가 납득했을까? 절대 아니다. 설령 상대방이 잘못했다고 해도 당신의 분노는 그의 반감을 부르고 갈등을 조장할 뿐이다. 분노는 당신의 영혼을 파괴하고 인간관계까지 처참하게 무너뜨린다.

분노는 현실에 대한 불만으로 생겨나는 부정적 감정이다. 분노를 제어하지 못해서 일상의 크고 작은 일에 늘 화를 내고 있는 사람이 많다. 사람들은 마음먹고 시도한 일이 실패로 돌아가거나, 불공정한 대우를 받거나, 자유를 제한받거나, 치욕을 당하거나, 속임수에 당하는 등 갖가지 일 때문에 분노를 표출한다. 표면적으로 보면 이익을 침해당했을 때, 혹은 타인의 공격을 받았을 때 자신을 지키는 행위다. 하지만 분노의 감정으로 파괴되는 영혼은 결국 분노한 자신이다.

몸을 다치는 것도 큰일이지만 무엇보다 심각한 일은 영혼의 파괴다. 분노의 감정은 영혼을 자극하여 불안감에 빠뜨려 냉정을 잃게 만든다. 그렇게 시간과 에너지를 갉아먹으며 서서히 영혼을 파괴한다.

영국의 시인이자 비평가인 알렉산더 포프는 '분노란 타인의 잘못 때문에 자신을 징벌하는 것'이라고 했다. 톨스토이 역시 "분노할 때 가장 큰 상처를 입는 사람은 바로 본인이다."라고 했다.

분노의 감정은 한 번 일어나면 순식간에 영혼을 잠식한다. 고귀한 영혼의 상징인 이성과 지혜조차 분노가 날뛸 때는 좀처럼 힘을 쓰지 못한다. 그러면 사람은 인간의 고귀함을 잃고 무지몽매한 동물의 상태에 가까워진다. 결과적으로 분노 때문에 해야 할 일에 집중하지 못하고 바라는 것을 이루지 못하며 주변을 둘러싼 아름다움을 느끼지 못하게 된다.

당신을 괴롭히는 것은 스스로 만들어내는 분노의 감정이지, 당신을 분노하게 한 사람 혹은 일이 아니다. 분노를 제어할 수 있어야만 영혼의 파괴를 막고 모든 에너지를 자신을 위해 쓸 수 있다.

명운 스님이 종남산에 들어가 수행한 지도 30년이 넘었다. 고아한 인품의 스님은 화초, 특히 난을 좋아해서 절 앞마당과 뒷마당에 각종 난을 가득 심었다. 스님은 수년에 걸쳐 난을 애지중지하며 키웠다. 매일 참선하고, 불경을 외고, 설법하느라 바쁜 와중에도 아침저녁으로 난을 둘러보는 일을 잊지 않았다. 사람들이 이 절에서 가장 중요한 것은 난이라고 말할 정도였다.

어느 날 명운 스님이 산 아래에서 볼일이 있었다. 떠나기 전 그는 다른 스님들에게 난을 잘 돌보라고 신신당부했다. 스님들은 명운 스님을 실망시키지 않기 위해 매우 세심하게 난을 돌보았다. 그런데 너무 조심한 탓이었을까? 명운 스님이 가장 아끼는 군자란에 물을 주던 스님이 그만 물주전자를 떨어뜨리고 말았다. 그 바람에 화분이 뒤집히고 난꽃은 모두 땅으로 떨어졌다. 깜짝 놀란 스님들은 어찌할 바를 몰라 했다.

'큰스님이 돌아오셔서 이 모습을 보면 뭐라고 하실까? 크게 화를 내시겠지? 한바탕 난리가 나겠군!'

그날 오후, 명운 스님이 돌아왔다. 그는 엉망진창이 된 군자란을 보았지만 조금도 화를 내지 않았으며 오히려 아주 평온하게 스님들을 위로했다.

"내가 난을 가꾸는 것은 수양을 위해서지, 절을 아름답게 만들기 위해서가 아니다!"

명운 스님의 넓은 마음에 크게 감동한 스님들은 이후 더욱 성실하게 수행을 쌓았다.

어떠한 일을 경험하더라도 최대한 분노를 억누르고 부정의 감정을 제거해야 한다. 맥박이 빨라지기 전에 이성과 지혜의 위대한 힘을 빌려서 자신을 평온하게 만들어야 한다. 누군가가 저지른 잘못에 화를 내면 뭐 하겠는가? 물론 그들의 마음가짐이 불량해 의도적으로 잘못했을 수도 있다. 하지만 당신은 그들보다 훨씬 우월하고 이성적이며 시시비비를 잘 가릴 수 있는 사람이다. 그러니 그들을 불쌍히 여겨야지, 일말의 분노도 품어서는 안 된다.

기억하자. 타인의 잘못을 그냥 내버려두어 절대 당신에게 영향을 미치지 않도록 해야 한다. 이것은 일종의 의무다.

PART 7

더 나은 인생을 위해
어떻게 심리학을
활용할 것인가?

하버드 출신의 명사들이 거둔 성공은 심리학과 불가분의 관계가 있다. 훌륭한 심리적 소양을 갖춘 인재를 길러내는 것은 하버드의 주요 교육 이념 중 하나다. 높은 지능과 잠재력은 단순히 재능만을 의미하며 그 재능을 발휘할 수 있을지, 발휘한다면 어떤 방식으로 할지 결정하는 것은 바로 심리적 소양이다. 이 장에서 소개하는 하버드 심리학을 통해 더 훌륭한 심리적 소양을 기르고 성공에 가까이 다가가자.

직장 심리학,
회사에 녹아들려면
최선을 다해
길을 닦아라

위대한 사람은 대부분 불굴의 정신을 품고 있으며
역경 속에서 싸워 이겨낸다.

_앨 고어, 미국 제45대 부통령

고난과 재앙을 겪을 때 도움받고 싶다면
평소에 사람을 너그럽게 대해야 한다.

_헨리 데이비드 소로

동료와의 관계는
능력보다 중요하다

직장에 첫발을 들인 청년들은 종종 너무 자신만만하게 군다. 이런 태도는 직장 내에서 아무짝에도 쓸모가 없다. 직장이라는 정글 안에서 생존하고 발전하려면 반드시 고개를 숙이는 법을 배워야 한다. 그래야 우호적인 인간관계를 쌓아 발전을 위한 기초로 삼을 수 있다.

어느 조직이든 능력이나 업무 성과와는 별개로 리더와 매우 밀접한 인물이 있다. 보통 리더는 이들을 통해 다른 직원을 이해하고 조직이 돌아가는 상황을 파악한다. 그러므로 조직 내부의 이런 '중요한 동료'와 우호적인 관계를 쌓아 결정적 순간에 리더에게 당신에 대한 긍정적 평가가 들어갈 수 있도록 하는 편이 좋다. 어쩌면 이것은 당신의 능력이나 노력보다 훨씬 효과적일 수 있다.

짐과 로버트는 신문사에서 함께 일하는 동료다. 이곳에서 7년 동안 일한 짐은 직장 내 인간관계가 매우 좋았다. 특히 사장은 중요한 일이 있을 때마다 의견을 묻고 상의할 정도로 그를 신임했다. 반면, 로버트는 대학을 졸업한 지 1년밖에 되지 않았다. 하지만 두 사람은 예전에 함께 학교를 다녔기 때문에 친하게 지냈다.

조직 개편 시기를 맞이해 로버트가 소속된 부서가 정리 대상이 되었다. 소문을 들은 로버트는 짐과 식사하면서 상황을 물었고 도움을 요청했다. 콕 집어 말하지는 않았지만 짐은 로버트의 생각을 바로 알아차렸다.

사장은 이번에도 짐을 불러 조직 구성과 인원 재배치를 논의했다. 이때 로버트 이야기가 나왔다.

"나쁘지는 않은데 아직 젊으니까 다른 곳에 가서 경력을 좀 더 쌓아도 되지 않을까? 그래도 이번 프로젝트에 큰 영향을 주지는 않겠지?"

"현재 프로젝트는 큰 문제없이 잘되고 있습니다. 팀원들이 모두 참여하고 있는데 단지 보도 주제에 대한 전문 지식을 가진 사람이 부족합니다. 제 생각에는 로버트가 이 부분을 보완해줄 수 있을 것 같습니다. 프로젝트를 이끄는 제 입장에서는 데려가고 싶은 인재입니다. 혹시 로버트를 저희 팀으로 보내주시면 어떨까요?"

"흠, 그러지 뭐……."

로버트는 조직 개편과 인원 감축의 칼바람을 피해 회사에 남게 되었다.

이 일화처럼 '중요한 동료'를 통한 리더와의 간접 소통으로 자신의 능력과 성과를 드러낸다면 최대한의 효과를 얻을 수 있다. 하지만 그렇다고 작은 일, 큰일 할 거 없이 무조건 그 동료만 바라보고 있어서는 안 된다. 동료는 단지 밑거름 정도의 역할만 할 뿐 구체적인 노력과 성과, 능력은 스스로 증명해야 한다.

평소 직장 안에서 동료들과의 사이를 돈독히 해두는 편이 좋다. 우선 경력이 많은 베테랑 동료에게 진심으로 존경하는 태도, 한 수 배우겠다는 자세를 보이자. 회식이나 간단한 티타임에서 기회를 보았다가 오랜 경력과 경험에 대한 존경을 드러내고, 그가 그동안 회사를 위해 해낸 여러 공헌을 언급해도 좋다.

베테랑 동료들과의 좋은 관계는 승진에도 큰 영향을 미친다. 평소에 그들을 주시하다가 도움이 필요해 보이면 최선을 다해 도와주어서 그가 '마음의 빚'을 지도록 하라. 그러면 그도 필요할 때 당신을 아낌없이 지원할 것이다. 물론 그 모든 전제 조건은 뛰어난 업무 능력이다. 실력이 아니라 인맥으로 승진했다는 소리를 듣고 싶지 않다면 더 열심히 일하고, 더 나은 성과를 올려라!

프로페셔널한 사람이 성공한다

하버드대 성공학 명강의

프로페셔널한 사람은 어떤 일이든 최고로 해내려 애쓴다. 누구에게 잘 보이려는 것이 아니라 그렇게 하는 것이 체화되었기 때문이다. 치열한 경쟁이 펼쳐지는 회사 안에서 이러한 습관은 남들보다 한 발짝 더 앞서갈 수 있는 필수 조건이다.

부푼 꿈을 안고 직장에 첫발을 들였지만 얼마 지나지 않아 자신이 아니라 회사를 위해 일한다는 느낌이 들 수 있다. 이때 대체로 두 가지 반응이 나타난다. 첫 번째 반응은 상황을 받아들이고 책임감을 느끼며 열심히 일하는 것이다.

'회사가 있어야 나도 일을 하고, 회사가 잘되어야 나도 돈을 벌어. 열심히 일하면 나 자신의 발전에도 큰 도움이 될 거야!'

두 번째 반응은 어차피 내 일도 아닌데 될 대로 되라는 식이다.

'회사가 망하든 말든 내 책임은 아니지!'

당신은 둘 중 어느 쪽인가? 맡은 업무를 프로 정신으로 처리하는 사람이 그렇지 않은 사람보다 더 많은 것을 배우고 더 빨리 발전하는 사례는 허다하다. 설령 나중에 완전히 다른 업계에서 일한다고 해도 차곡차곡 쌓은 풍부한 경험과 우수한 업무방식은 큰 도움이 된다. 프로처럼 일하는 게 습관이 된 사람은 어떤 분야에서 무슨 일을 하든 반드시 성공한다.

업무 태도는 그 사람이 삶을 대하는 자세를 반영한다. 그러니까 당신이 하는 일은 바로 당신의 삶을 투영한 것이다. 일과 삶에서 드러나는 아름다움과 추악함, 지혜로움과 어리석음 모두 전적으로 당신 손으로 만들어내는 것이다.

회사라는 조직에 속해 그곳에서 월급을 받는다면 회사의 일을 자신의 일로 여기고 회사의 입장에서 프로페셔널하게 일을 처리해야 한다. 회사에 필요한 무언가를 구매할 때는 개인 물품을 사는 것처럼 꼼꼼히 살피고 가격에 걸맞은 가치가 있는지 고심해야 한다.

선천적으로 프로 정신을 갖추고 태어나서 무슨 일이든 밥도 안 먹고 잠도 안 자며 열중하는 사람들이 있다. 하지만 그렇지 않은 사람이라면 의도적으로 프로 정신을 강화하고 성실하게 책임지는 태도를 길러야 한다. 프로페셔널한 사람만이 성공한다는 진리를 거듭 유념하자.

위기의식을 유지해야
안정감을 느낄 수 있다

하버드대 성공학 명강의

빠른 속도로 변화하는 직장에서 우리는 반드시 '거안사위'를 기억해야 한다. 미리 준비했다면 위기는 절망이 아니라 계기가 될 수 있다. 위기를 통해 진정한 가치를 발견하고 거대한 힘을 끌어낼 수 있으며 무엇보다 인생을 더욱 다채롭게 만들 수 있다.

19세기 말, 미국 코넬대학교는 '뜨거운 물로 개구리 삶기 실험'을 했다. 그들은 먼저 개구리 한 마리를 뜨거운 물이 담긴 비커 안에 넣었다. 개구리는 물에 닿자마자 전기 충격이라도 받은 것처럼 펄쩍 뛰어올라 비커 밖으로 탈출했다. 이어서 이번에는 개구리 한 마리를 차가운 물이 담긴 냄비에 넣어 자유롭게 헤엄치게 한 후, 냄비를 가스레인지 위에 올려 서서히 가열했다. 물의 온도가 계속 올라가는데도 개구리는 전혀 눈치채지 못했다. 그러다가 점점 힘이 빠져 냄비를 탈출하지 못하고 펄펄 끓는 물속에서 죽었다. 이것이 바로 유명한 '삶은 개구리 증후군'이다.

이 실험의 결과는 발표되자마자 큰 주목을 받았다. 만약 냄비 안의 개구리가 예민한 감각을 유지했다면 물이 뜨거워지기 시작할 때 신속하게 튀어나왔을 것이다.

하버드의 심리학자들은 사람이 위기의식을 상실하면 이 개구리처럼 감각이 마비된 채 '죽음'을 마주할 거라고 경고한다. 특히 이제 막 일을 시작한 사람이라면 회사에서 일하는 동안 시시각각 깨어 있는 두뇌로 예민한 감각을 유지하여 신속히 반응해야 한다. 어려운 취업 전선을 뚫고 일자리를 얻었다고 느슨해지거나 현 상황에 안주해서는 안 된다. 이 정도는 괜찮겠지, 하는 마음으로 하루 이틀 시간을 보내다가 문득 정신을 차려보면 성장과 발전을 위한 최적의 시기를 놓쳤음을 깨닫게 될 것이다. 그제야 슬퍼하고 아쉬워해봤자 아무 소용없다.

펩시콜라는 현재 세계 음료업계의 거물로, 매년 수백억 달러의 판매액을 올리고 수십억 달러의 순수이윤을 얻는다. 그럼에도 회사 고위층은 앞으로 불황을 맞이해서 경쟁이 더욱 치열해질 것으로 판단하고 안심하지 않았다. 그들은 변화하는 시장에 도태되어 무너지지 않으려면 직원들의 위기의식을 일깨워야 한다고 생각했다. 하지만 이처럼 기세등등하게 전 세계에서 거침없이 사업을 펼치는 펩시가 위기에 처했다고 말해봤자 누가 믿겠는가?

이에 펩시 회장은 인위적으로 회사 안에 위기의식을 조성하기로 결정했다. 그는 마케팅 담당자를 불러 실현 가능성을 따지지 말고 목표 영업액을 무조건 작년보다 15퍼센트 이상 증가한 수치로 설정하도록 지시했다. 직원들에게는 이 수치가 객관적인 시장조사를 통해 나온 타당성 있는 결과라고 알렸다. 또 만약 이 목표를 달성하지 못하면 곧 실패를 의미한다고 강조했다.

인위적으로 '만들어낸' 위기의식은 펩시의 전 직원이 합심해서 힘을 내 싸우도록 만들었다. 회사 전체가 자못 긴장된 분위기 속에서 정해진 목표를 달성하기 위해 치열하게 경쟁하며 서로 자극했다. 이런 방식으로 펩시는 길고 긴 영광의 길을 순조롭게 걸어갈 수 있었다.

'편안한 자리에서 위험이 생길 것을 걱정한다'는 뜻의 거안사위(居安思危). 많이 듣고 하는 말이지만, 정말 이렇게 행동하는 사람은 그리 많지 않다. 사실, '게으름'은 인간의 천성이다. 해결할 수 없는 큰일이 닥치기 전에는 그동안의 방식을 바꾸지 않으려고 한다. 이 방식이 이전에 꽤 큰 만족감을 줬다면 더욱 그러할 것이다. 각각의 개인으로 조직된 기업도 마찬가지다. 자극에 반응하지 못하고 안일한 업부 분위기가 일상화된 기업은 점점 활력을 잃어 진짜 위기가 닥쳤을 때 힘없이 무너지고 만다.

회사란 무정한 곳이다. 당신이 가치 있을 때는 온갖 방법을 동원해 잡아두려고 하지만 가치가 사라지면 곧 '쓰레기' 취급을 할 것이다. 끊임없이 성장하고 발전하려면 반드시 '거안사위'를 새기고 실제로 행동해야 한다. 그럴 때 돌발적 위기와 그에 따른 타격에도 버텨낼 수 있다.

힘들수록
어려운 일에 도전하라

직장에서 빠르게 승진하고 싶다면 다른 사람이 감히 할 생각조차 않는 어려운 일에 도전
해야 한다. 좁은 길에서 마주치면 용감한 사람이 이기는 법이다. 불가능해 보이는 일을 기
꺼이 받아들이고 완성하는 사람만이 커다란 성공을 손에 쥘 수 있다.

　많은 회사가 직원을 채용할 때 '도전 정신'에 주목한다. 불가능해 보
이는 일에 도전하는 '용사'와 그저 안정과 평온만 추구하는 '겁쟁이'는
회사 안에서 완전히 다른 취급을 받는다. 이른바 겁쟁이들은 고위층
의 사랑을 받거나 회사 안에서 성공할 것을 기대해서는 안 된다. 빠르
게 승진하는 동료가 부러운가? 그들의 성공은 절대 운이 아니다. 복잡
다단한 회사 안에서 언제나 불가능한 일에 도전하며 자신만의 생존
무기를 갈고닦아 끊임없이 상류로 거슬러 올라간 결과다.

　당신도 그들처럼 빠르게 승진하고 두각을 드러내고 싶다면 다른 사
람들이 '불가능하다'고 말하는 일이 눈앞에 닥쳤을 때, 어떻게든 해결
하기 위해 최선을 다해야 한다.

우선 자신감을 가져야 한다. 불가능하다고 생각하면 정말 되는 일이 하나도 없다. 골프 선수가 '공을 물에 빠뜨리지 말아야지'라고 생각하면 꼭 공이 물에 빠지는 것처럼 말이다. 지금 가슴에 손을 얹고 차분하게 생각해보자. 당신은 무슨 생각을 하고 있는가? 당신이 친 공은 어디로 가겠는가?

지금처럼 경쟁이 치열하고 리듬이 빠른 시대에는 사방이 도전으로 가득하다. 신은 공평하게도 모든 이에게 똑같은 도전의 기회를 주셨다. 문제는 '누가 먼저 알아차리고 행동하는가?'이다. 회사 곳곳에 존재하는 도전의 존재를 알아차리지 못하는 직원은 절대 발전의 기회를 얻지 못한다!

어쩌면 용기를 내 도전했지만 끝내 완성시키지 못할 수도 있다. 그렇다 해도 절대 실망하거나 슬퍼할 필요 없다. 이성적이고 현명한 상사라면 결과만 보지 않고 진행 과정 중에 드러난 도전 정신과 성실한 업무 태도에 더욱 주목할 것이기 때문이다. 애초에 도전이 없다면 성공할 기회조차 없는 것이기에 상사들은 언제나 도전하는 직원을 좋아한다.

'생각이 그 사람의 운명을 결정한다.'

이 서양 속담처럼 힘들고 어려운 일에 도전하지 않는 것은 자신의 잠재력을 가두어버리는 꼴이다. 무한한 잠재력을 가지고도 일반적인 성과를 만들어낼 수밖에 없다면 너무 억울하지 않겠는가!

성공 심리학,
노력하지 않으면
원하는 삶을 살 수 없다

햄버거 가게에서 일하는 것을 수치스럽게 생각하지 마라.
당신의 할아버지는 그 일을 '기회'라고 생각했다.
_빌 게이츠

일을 성공시키려면 신이 아니라 자신의 힘에 기대어야 한다.
_조지프 나이, 전 하버드 케네디스쿨 학장

최선을 다해
기회를 붙잡아라

하버드대 성공학 명강의

기회는 성품이 온화하고 교양이 넘치는 손님과 같다. 하지만 이 손님은 절대 미리 약속하고 방문하지 않는다. 공평하게도 누구에게나 살그머니 다가간다. 눈과 손이 빠른 사람은 재빨리 기회라는 손님을 맞이하지만, 둔하고 무딘 사람은 빤히 보고도 그냥 지나친다.

빌 게이츠를 비롯한 수많은 명사의 성공 사례를 연구해보면 그들의 성공에 결정적 영향을 준 기회가 특별히 많지 않았음을 알 수 있다. 다시 말해 그들이 성공한 이유는 다른 사람보다 기회가 많아서가 아니라 한 번 온 기회를 알아보고 놓치지 않았기 때문이다. 그래서 기회가 왔을 때 바로 알아차릴 수 있는 예리한 감각과 판단 능력이 절실하다. 다른 이들이 미처 기회를 알아차리지 못할 때 반드시 민첩하게 움직여서 기회를 선점해야 한다.

지금 성공 가도를 달리는 사람들은 기회가 오기도 전에 미리 알아차리고 과감히 행동한 이들이다. 행운과 성공의 신은 당연히 이처럼 영민한 사람들 앞에만 나타나지 않겠는가?

개인의 주관적 조건이 향상되면 자연스레 객관적 환경의 변화가 일어나 기회가 더 많이 생겨난다. 그러므로 넋 놓고 앉아서 기다리고만 있지 말고 개인의 자질을 더욱 업그레이드해야 한다.

기회는 마치 '괴상한 성격의 천사'와 같아서 모든 이에게 공평하지만 아무 연고도 없는 곳에 느닷없이 뚝 떨어지지는 않는다. 강조하건대 기회는 가만히 앉아 기다린다고 오는 것이 절대 아니다. 여러 번 반복하고 음미하며 여러 방향에서 샅샅이 살펴야만 찾아낼 수 있다.

1981년 영국의 왕세자 찰스와 다이애나 스펜서가 결혼을 발표했다. 런던에서 거행될 결혼식 비용은 무려 10만 파운드에 달할 것으로 전망되었다. 전 세계는 현대판 왕자와 공주의 결혼식 이야기에 크게 열광했다. 물론 이 좋은 기회를 놓치지 않고 왕세자의 결혼식을 사업에 이용하는 사람도 있었다. 사탕 상자 위에 왕세자 부부의 사진을 붙여 파는가 하면, 결혼식을 올리는 궁전 모습을 그려 넣은 옷을 팔기도 했다. 하지만 누구보다 가장 많은 돈을 번 사람은 바로 망원경을 판 상인이었다.

그는 결혼식 뉴스를 보고 사람들이 가장 필요한 물건이 무엇일지 골똘히 생각했다.

'성대한 결혼식이 열리면 수백, 수천, 수만 명의 구경꾼이 현장에 몰리겠지. 두 번 다시 없을 성대한 황실 결혼식일 테니까 분명히 그럴 거야. 하지만 너무 멀어서 결혼식 장면을 자세히 보기란 어려워. 멀리 있는 것을 잘 보이게 해줄 수 있는 것, 그래 망원경이야!'

그는 즉시 공장을 찾아 망원경 수만 개를 주문 제작했다.

마침내 성대한 결혼식이 시작되었다. 그의 예상대로 너무 많은 사람이 몰리다 보니 아무것도 보이지 않았다. 어떤 사람들은 서로 밀치면서 얼굴을 붉히기까지 했다. 바로 그때, 군중 속에서 한 사람이 나타나 크게 외쳤다.

"망원경 팔아요! 하나에 일 파운드! 단돈 일 파운드로 멋진 황실 결혼식을 구경하세요!"

망원경 수만 개가 순식간에 동이 났고, 이 똑똑한 상인은 큰돈을 벌었다.

통계에 따르면 명사들의 성공에 결정적 영향을 주는 기회는 평균 한두 번, 많아야 네다섯 번뿐이라고 한다. 그러므로 기회가 당신을 향해 슬며시 다가오는 것 같으면 과감히 움직여 낚아채야 한다. 순식간에 사라지거나 상황이 바뀔 수 있으므로 약간 불확실한 요소가 있다고 해도 과감한 용기에 눈치까지 더해 반드시 선점해야 한다.

기회를 알아보고 선점하는 데는 거대한 에너지가 필요하다. 그러므로 잡은 기회를 소중히 여기고 반드시 더 발전시켜 성공으로 이끌어야 한다.

다른 사람보다
하나 더 생각하라

사고는 당신의 오랜 소망을 실현시킬 신기한 힘을 지녔다. 사고를 게을리하면 당신의 두뇌
는 점점 느리고 둔하게 움직일 것이다. 반대로 일상에서 사고를 습관화하면 두뇌 활동이
더 활발하고 민첩해진다. 오직 풍부한 사고 능력만으로도 성공의 문을 열 수 있음을 명심
하라.

아인슈타인은 말했다.

"지식을 배우려면 생각하고, 또 생각하는 것을 잘해야 한다. 나는 바
로 이러한 학습 방법으로 과학자가 되었다."

책을 많이 읽으면 스스로 아는 것이 많다고 생각한다. 하지만 책을
많이 읽고 거기에 깊은 사고까지 더하면 거꾸로 자신이 아는 것이 적
다고 느끼게 된다. 이것이 바로 사고의 가치다.

다른 사람의 발자국을 그대로 따라 밟으며 걷는 이는 영원히 자신
만의 발자국을 남기지 못한다. 성공하고 싶다면 반드시 창의적이어야
하고 성공한 후에도 창의성을 발휘해야 그 성공을 지속할 수 있다. 타
인과 다른 생각이 있어야 두각을 드러내고 자신과 상대방을 넘어설

수 있다.

천재는 주어진 시간의 절반을 사고에, 나머지 절반을 행동에 투자한다. 사고하지 못하는 사람은 스스로 지혜를 깨치지 못하고, 언제나 전체가 아닌 부분만 보기 때문에 즐거움과 행복을 누리지 못한다. 당신의 성공 여부는 얼마나 긍정적으로, 지속적으로, 그리고 과학적으로 사고할 수 있는가에 달려 있다.

해머와 브루스는 같은 회사에 다녔다. 처음에는 두 명 모두 말단 직원으로 시작했지만 해머는 곧 사장의 눈에 들어 팀장으로 승진했고, 브루스는 여전히 그 자리에 있었다. 그러던 어느 날, 더 이상 참을 수 없었던 브루스는 사장을 찾아가 사직서를 내밀며 말했다.

"그렇게 입 속의 혀같이 구는 소인배가 좋으시다면 어쩔 수 없죠. 저는 그만두겠습니다."

사장은 브루스에게 다음과 같이 제안했다.

"브루스, 이렇게 하지. 나의 마지막 지시만 따라주면 자네 뜻대로 하겠네. 지금 시장에 가서 무얼 팔고 있는지 보고 오게!"

브루스는 마지못해 시장으로 갔다. 그리고 잠시 후에 돌아와서 한 농부가 수레에 감자를 싣고 와 팔고 있더라고 보고했다.

"그 수레에 감자가 총 몇 포대나 있던가?"

브루스는 다시 시장으로 뛰어가 농부에게 물어본 후 헐레벌떡 뛰어와서 "서른 포대입니다."라고 대답했다.

"아! 그렇군. 감자 가격이 대충 얼마나 되지?"

브루스는 또 시장으로 달려갔다. 잠시 후 그가 숨을 헐떡이며 돌아오자 사장은 말했다.

"잠깐 여기 앉아 쉬게."

사장은 곧 해머를 불러 "지금 시장에 가서 무얼 팔고 있는지 보고 오게!"라고 말했다.

잠시 후 돌아온 해머는 한 농부가 수레에 감자를 싣고 와서 판다고 말했다. 그리고 수레에는 총 서른 포대의 감자가 있었으며 가격은 시세보다 싸지도 비싸지도 않고 품질이 아주 좋아 보인다고 말했다. 그의 보고는 아직 끝나지 않았다.

"샘플로 감자를 몇 개 가져왔습니다. 직접 보시죠. 그리고 농부에게 물어보니 며칠 뒤에는 토마토를 팔 예정이라고 합니다. 사장님, 감자의 종류와 품질, 가격 등을 분석했을 때 우리 회사에서 거래하기에 적합한 상품으로 보였습니다. 그래서 그 농부를 직접 모셔왔습니다. 지금 밖에서 기다리는 중입니다."

브루스는 그제야 해머의 능력을 인정했다.

성공하는 사람과 그렇지 않은 사람의 가장 큰 차이는 '무엇을 생각하는가?'다. 성공하지 못하는 사람은 언제나 눈앞에 있는 것만 생각한다. 보이는 것만 보고 거기에서 하나 더 나아가 생각해보려는 강렬한 욕망이 없다. 반면, 성공하는 사람은 보이는 것을 생각할 뿐 아니라 더 큰 목표를 염두에 두며 항상 남들보다 한 걸음 더 내딛는다. 그래서 그들이 다른 사람보다 먼저 성공의 기회를 쟁취하는 것이다.

근면과 성실은
성공의 필수 조건이다

조금 늦게 출발하더라도 마음에 두지 말자. 근면하고 성실한 자세만 잃지 않으면 반드시 승리의 기회가 온다. 이렇게만 한다면 일찍 출발한 사람들을 따라잡을뿐더러 앞으로 치고 나가 성공할 수 있다.

고대 로마에는 두 개의 신성한 전당이 있었는데 하나는 근면의 전당, 다른 하나는 명예의 전당이었다. 로마인들은 반드시 근면의 전당을 거쳐야만 명예의 전당에 들어갈 수 있도록 했다. 근면의 전당을 지나지 않고 명예의 전당으로 직행하려는 사람은 입장을 불허했다.

성공하는 사람은 모두 '근면과 성실'이라는 공통점이 있다. 노력하지 않고 요행만 바라는 사람은 절대 성공할 수 없다. 나태한 사람에게는 영원히 볕이 들지 않기 때문이다.

성공의 기본인 근면과 성실은 당신이 태생적으로 부족한 부분을 극복하는 힘이다. 천부적인 재능이 없어도 최선을 다해 꾸준히 해나가기만 하면 엄청난 재능을 가졌으나 변덕이 심한 이른바 '천재'들보다 훨씬 더 크게 성공할 수 있다.

　지식이 많은 학자, 탁월한 사업가 등 각 분야의 최고 자리에 오른 사람들은 근면하고 성실한 자세로 쉬지 않고 더 나은 자신을 만들었기 때문에 성공할 수 있었다.

　한 노부인이 프랑스의 유명 문학가 오노레 드 발자크를 방문했다. 그녀는 아주 낡은 글쓰기 노트 하나를 가지고 와서 발자크에게 말했다.

　"작가 선생님, 이 아이가 천부적인 재능이 있는지 한번 봐주세요."

　발자크는 노트에 적힌 여러 편의 글을 죽 읽은 후 차분하게 말했다.

　"부인, 안타깝지만 이 아이는 대단한 재능도 없고 그리 똑똑한 것 같지도 않습니다. 여기 적힌 글이 전부는 아니겠지만 이것만 봐서는 작가가 되기 어려울 것 같군요."

　그러자 노부인은 환하게 웃으면서 말했다.

　"요 녀석! 작가가 되었다기에 이제 뭐든지 아는 줄 알았더니 아니로구나. 삼십여 년 전에 네가 쓴 작문 숙제도 못 알아보는 거니?"

　멍하니 노부인을 바라보던 발자크가 갑자기 크게 웃었다. 그녀는 바로 30여 년 전에 그를 가르친 초등학교 선생님이었다!

　발자크는 왜 틀린 판단을 내렸을까? 글쓰기 노트에 적힌 글만 보았을 뿐, 앞으로 이 아이가 들일 노력을 무시하고 발전과 변화의 가능성을 염두에 두지 않았기 때문이다. 물론 이 아이는 발자크 자신이었고, 그는 온 힘을 다해 노력한 끝에 아주 유명한 문학가가 되었다. 설령 세상에 이름을 알리지 못하면 어떤가? 중요한 것은 근면하고 성실하게 꾸준히 하는 자세다.

발자크 역시 유명해지기 전에 어려운 시절을 보냈다. 대학에서 법을 공부한 그는 작가의 꿈을 이루려고 변호사의 길을 포기했다. 크게 실망한 아버지는 그를 힐난했고 생활비를 끊었다.

작가의 길도 순탄하지만은 않았다. 글을 써서 출판사에 보내는 족족 반송되었고 나중에는 돈이 떨어져서 딱딱하게 마른 빵과 맹물만 마시며 지내야 했다. 하지만 그는 언제나 매우 긍정적이었다. 식사를 할 때는 식탁 위에 접시를, 그리고 그 위에 햄, 치즈, 스테이크라고 쓴 종이를 올려놓은 후, 실제로 음식이 있다고 상상하면서 마른 빵을 씹었다.

연이은 실패로 큰 실의에 빠졌을 때 발자크는 마노(瑪瑙, 광물 석영의 일종)를 두른 굵은 지팡이를 하나 사서 그 위에 자신을 채찍질하는 글을 새겼다.

'나는 모든 걸림돌을 부수어버리겠다.'

이 짧은 문장은 그가 많은 난관을 넘는 데 큰 힘이 되었다.

근면과 성실은 부족함을 메우고 당신이 고생한 만큼 더 나은 사람이 될 수 있게 해준다. 능력과 힘은 하루아침에 얻어지는 것이 아니다. 타인을 넘어서고 싶다면 그보다 몇 배 더 많이 노력해야 한다. 타고난 재능에 근면과 성실을 더하면 당연히 눈부실 정도로 빛날 것이고, 평범한 재능이라도 근면과 성실이 더해지면 훨씬 나은 삶을 살 수 있다.

봄에 씨를 심어 가을에 수확하는 것은 자연 만물의 이치다. 성공한 사람은 '뿌린 만큼 거둔다'의 의미를 정확하게 알고 있으며 그대로 실행한다. 근면하고 성실한 자세로 절대 포기하지 않는다면 아무리 커다란 산이라도 옮길 수 있고, 아무리 깊은 강이라도 메울 수 있다.

장점을 찾아
몰입하라

사람은 누구나 잘하는 분야가 있다. 성공하고 싶다면 주어진 환경 속에서 자신이 잘하는 것을 최대한 발전시켜야 한다. 다른 사람이 무엇을 잘하는지는 신경 쓰지도 말고, 비교하지도 마라. 그저 자신에게 집중하고 모든 에너지를 투입한다면 반드시 성공할 수 있다. 타인의 기준에 맞추느라 자신의 장점을 버리는 사람은 절대 성공할 수 없다.

성공하는 사람은 자신의 장점을 중심으로 인생 방향을 정하고 그쪽만 바라보며 나아간다. 성공의 분수령은 자신이 지닌 장점을 얼마나 잘 이용하는가에 있다. 가장 잘하고 열심히 하고 싶은 일, 그러면서 자신의 품격과 가치를 드러내는 일을 선택해야 한다. 이렇게 하려면 반드시 자신에 대해 정확히 알아야 한다. 어떤 부분이 강하고 약한지 객관적으로 파악한 후, 강한 부분은 키우고 약한 부분은 보완해야 한다.

자신에게 가장 알맞은 위치를 찾고 그 자리에서 능력을 펼쳐 보이는 것만큼 멋진 삶이 있을까? 이렇게 할 수만 있다면 당신은 언제 어디서나 밝게 빛날 것이다.

한 번뿐인 인생을 잘 살고 싶다면 우선 자신이 잘하는 것을 알아야 한다. 사회나 타인의 기준에 얽매이지 말고 자신이 잘하는 것을 찾아 더 잘할 수 있도록 갈고닦자. 사람은 누구나 잘하는 면이 있으니 맑고 깨끗한 눈으로 반드시 찾아내서 탁월함을 더하라. 그리고 이를 바탕으로 미래를 설계하고 성공의 길을 개척해야 한다!

세상에서 가장 강한 무기는 날카롭고 예리한 검이 아니라 한 가지에 몰입하는 태도다. 올바른 목표와 방향을 정하고 반드시 성공시키겠다는 마음으로 몰입한다면 모든 장애를 제거하고 다른 사람들보다 앞서갈 수 있다!

몰입이란 특정한 욕망에 의식적으로 집중하는 자세이다. 욕망을 실현하는 방법을 찾기 위해 매진하며 즉각 실제적 행동을 실시하는 것 역시 몰입이라고 할 수 있다. 몰입은 당신이 상상하는 것보다 훨씬 더 큰 힘을 지니고 있다. 지금 가능한 모든 자원을 효과적으로 사용하고 싶다면 반드시 몰입해야 한다.

몰입에는 정성이 필요하다. 원하는 일에 정성을 다하는 것은 성공하는 사람의 중요한 특징 중 하나다. 정성을 다해 몰입하지 않는다면 위기가 발생했을 때 제대로 대처하지 못해 속절없이 무너진다. 정성을 다해 몰입하는 것이야말로 성공을 부르고 인생의 고도를 바꾸는 중요한 요소다!

소년은 연설가가 되고 싶었다. 하지만 그는 사람들 앞에만 서면 가슴이 쿵쾅거리고 온몸이 덜덜 떨려서 제대로 말하기조차 힘들었다.

소년은 극심한 공포를 없애기 위해 용기를 내 적극적으로 사람들을 만나기 시작했다. 최대한 여러 사람 앞에서 큰 소리로 자신의 의견을 이야기하면서 그들의 표정과 반응을 관찰했다. 어떤 말을 했을 때 어떠한 반응을 보이는지, 어떤 화제가 사람들의 흥미를 끌거나 지루하게 하는지 살폈다. 어느 정도 자신감을 얻은 소년은 교내외에서 열린 여러 웅변대회에 참가했는데 연이어 열두 번이나 수상하지 못했다.

하지만 열두 번의 실패도 그를 주저앉히지는 못했다. 오히려 그는 더 큰 용기와 열정으로 실패에 저항했다. 당시 마을 사람들은 키 크고 깡마른 소년이 항상 강가에 서서 큰 소리로 책을 읽고 연설 연습을 하는 모습을 볼 수 있었다. 더운 여름이든 추운 겨울이든 그는 언제나 그곳에서 연설 훈련을 했다. 하이라이트 대목에서는 힘차게 팔을 휘두르거나 크게 소리치기도 했다.

노력은 절대 배신하지 않는다고, 소년은 마침내 전 세계에 이름을 떨친 유명한 연설가가 되었다. 바로 데일 카네기다.

카네기의 성공은 타고난 재능이 아닌 후천적인 노력과 열정으로 만들어졌다. 다른 곳을 보지 않고 하고 싶은 일에 노력과 열정을 투입하는 것, 그것이 바로 몰입이다. 괴테는 말했다.

"무슨 일을 하든지 전념한다면 반드시 성공한다."

그의 말처럼 어떠한 목표에 전심전력을 다해 몰입한다면 기적을 만들 수 있다.

오하이오주의 젊은 하원의원 맥켄리는 미국의 제31대 대통령인 허버트 후버를 만난 자리에서 다음과 같은 이야기를 들었다.

"정치인으로 성공하면서 명예를 얻고 싶다면 특정한 분야에 집중해야 합니다. 괜히 여기저기 들쑤시고 다니느니 입법 분야 중에서 하나를 정해 한번 연구해보세요. 개인적으로 나는 관세 분야를 추천합니다. 몇 년 동안 우리가 해결하지 못한 분야이니까요. 연구해볼 만한 문제가 수두룩할 겁니다."

맥켄리는 후버 대통령의 조언을 받아들여 관세 문제를 연구했고 얼마 후 이 분야의 전문가가 되었다. 이후 관세 법안이 국회에서 통과되자 그의 명성은 정점에 올랐다.

성공하고 싶다면 에너지를 분산해서는 안 된다. 역사를 살펴봐도 특정한 일에 몰입하지 않고 성공한 사람은 없다. 진정으로 몰입한다면 힘든 줄도 모르고 오히려 즐거울 것이다.

우선 자신이 가장 잘하고 좋아하는 것을 찾은 후에 더 성실한 자세로 연구하고 목표와 방향을 정하라. 이를 실현시키기 위해 당신의 모든 지능, 재능, 에너지를 투입해야 한다. 온 마음을 다해 몰입한다면 반드시 성공할 것이다.

돈 심리학,
돈을 다스릴 줄 알아야
삶도 즐거워진다

파산은 일시적인 금전상의 문제이지만 빈곤은 생각의 문제다.

_빌 게이츠

성공하려는 마음으로 성공을 바라보자.
그러면 당신이 기대하는 목표로 이끌어줄 힘이 생길 것이다.
물이 흘러 개천을 이루면 당신은 삶을 지배할 것이다.

_다니엘 벨, 하버드 교수 · 사회학자

가난한 사람은
부자가 되려는 야심이 부족하다

반드시 돈을 벌겠다는 확고한 신념과 의지, 진취적 자세를 견지하며 목표를 향해 나아간다면 절대 가난의 늪에 빠지지 않을 것이다. 이런 사람들은 단순히 가난에서 벗어날 뿐 아니라 더 많은 재물을 획득해 부자가 될 가능성이 크다.

　가난한 사람에게 부족한 것은 돈이나 기회가 아니다. 유대인들은 가난한 이유를 부자가 되려는 꿈과 야심의 부족에서 찾는다. 유대인 부호 레이 크록은 가난했던 어린 시절에 "수도꼭지를 틀면 나오는 물처럼 돈이 많기를 바랐다."라고 말했다. 실제로 그는 8년 후에 완벽하게 꿈을 이루었다. 매달 월급을 받아 살든 이미 엄청난 부자로 살든 지금보다 더 많은 돈을 갖길 바라야 한다. 많은 돈을 벌고자 하는 것은 조금도 잘못된 일이 아니다. 돈에 대한 갈망은 더 알차고 행복하고 풍족한 삶에 대한 동경이니 칭찬할 일이다.

　미국의 석유왕 존 데이비슨 록펠러는 어린 시절, 집이 너무 가난해서 항상 이사를 다녔다. 고생스럽기는 했지만 언제나 조금 더 나은 집으로 이사했기 때문에 묘한 즐거움이 있었다. 록펠러의 가족은 조금 더 큰 마을로, 조금 더 넓은 집으로 이사하면서 희망을 키웠다.

열다섯 살이 된 록펠러는 클리블랜드에서 가장 좋은 중학교에 다니게 되었다. 당시의 동창들은 그를 이렇게 기억한다.

"그는 매우 열심히 노력하는 학생이었습니다. 항상 진지하고 성실했어요. 말도 별로 없었죠. 그가 큰 소리로 이야기하거나 소란을 피우는 모습은 한 번도 본 적 없습니다."

록펠러의 가장 친한 친구였던 마크 한나는 이후 철도, 광산, 은행 사업에 투자하는 거물급 사업가가 되었다. 또 상원의원으로 당선된 한나는 정계의 막후 실력자로서 오랜 친구 록펠러를 위해 곧 해체될 예정인 스탠더드 오일 트러스트(Standard Oil Trust, 1882년 미국 내 정유소의 95%를 지배한 조직체) 문제가 잘 해결되도록 힘썼다.

록펠러와 한나는 미국 현대사에 큰 영향을 미친 인물이라고 할 수 있다. 수백 명이 다니는 학교에서 그 둘이 가장 친한 친구가 된 것이 정말 우연이었을까? 미국의 역사학자들은 태생적으로 독특한 기운과 자질을 지닌 두 사람이 서로에게 이끌렸을 것이라고 입을 모은다.

록펠러는 딱딱하고 엄격해 보이는 외모와 달리 무척 너그럽고 부드러운 사람이었다. 반면, 한나는 한 번 말을 시작하면 멈추지 않고 계속 떠드는 사람이었다. 두 사람이 만나면 한나가 처음부터 끝까지 이야기하고 록펠러는 말없이 듣기만 했다. 사업에 관해서도 두 사람은 약속이나 한 듯 생각이나 방법이 완전히 일치했지만 한나는 항상 표현하는 반면 록펠러는 침묵했다. 젊은 시절의 어느 날, 한나가 록펠러에게 물었다.

"존, 나중에 돈을 얼마나 벌고 싶어?"

"십만 달러."

록펠러의 주저 없는 대답에 한나는 깜짝 놀랐다. 자신은 5만 달러를 목표로 했는데 뜻밖에도 록펠러는 정확히 그 두 배를 생각하고 있었기 때문이다.

당시 미국에서는 1만 달러만 있어도 '큰 부자'로 불렸다. 이 돈이면 공장 몇 개와 500에이커 이상의 토지를 살 수 있었다. 클리블랜드에서 5만 달러 이상을 가진 사람은 손에 꼽을 정도였다. 하지만 록펠러는 10만 달러를 이야기했다. 마치 그 정도는 아주 작은 시작일 뿐이라는 것처럼!

다른 친구들은 10만 달러를 벌겠다는 록펠러를 비웃었다. 하지만 록펠러는 10만 달러를 넘어 수천만 달러를 벌어들였다. 늘 큰돈을 벌겠다는 야심을 가지고 있었던 록펠러는 정말 억만장자가 된 것이다.

가난한 사람이 가난한 이유는 돈을 벌겠다는 야심이 부족했기 때문이고, 부유한 사람이 부유한 까닭은 돈을 벌겠다는 야심이 가득했기 때문이다. 한 번의 일생을 살면서 부자 되기를 갈망하는 것은 더할 나위 없이 정상적인 욕망이다. 현명한 사람이라면 부를 창조하는 데 전심전력을 다해야 한다. 돈을 버는 것은 단순히 사업의 성공을 넘어 행복한 삶을 보장하는 물질적 기초가 되기 때문이다.

머리 잘 쓰는 사람이
돈도 잘 번다

돈 버는 것은 수학이나 물리학 같은 일종의 과학이다. 여기에는 기본적 공식과 법칙이 있
는데 누구나 이것을 잘 알고 준수하면 돈을 벌 수 있다. 머리를 써서 돈 버는 방법을 배운
다면 반드시 소망을 이룰 수 있다.

모든 경쟁력의 핵심은 생각이다. 생각은 당신의 창의력을 자극하고
행동을 이끌며 성공 여부를 결정하기 때문이다. 지금 당신의 상황을
바꾸고 더 발전하기 원한다면 '부자처럼' 생각해야 한다.

어머니는 세상을 떠나며 카를과 테오 형제에게 작은 식품점을 남겼
다. 말이 식품점이지, 통조림과 탄산음료 몇 종류만 판매하는 이곳은
1년에 벌어들이는 돈이 보잘것없는 수준이었다. 이 유대인 형제는 영
원히 이렇게 살 수 없다고 생각하고 돈 벌 방법을 궁리했다.

"왜 어떤 곳은 장사가 잘되고, 어떤 곳은 장사가 안 되지?"

"경영방식 때문 아닐까? 경영을 잘하면 자본이 적어도 돈을 벌 수

있어."

"어떻게 하면 경영을 잘할 수 있을까? 비결이 뭐지?"

다음 날부터 두 사람은 큰 거리, 작은 골목 곳곳을 돌아다니며 장사가 좀 잘된다 싶은 가게를 살피기 시작했다. 그중 하루 종일 손님이 북적거리는 한 슈퍼마켓이 눈에 띄었다. 형제는 가게 앞을 서성이다가 입구에 붙은 안내판을 보았다.

'쇼핑은 즐거우셨나요? 그렇다면 영수증을 잘 보관하세요. 연말이 되면 영수증 금액의 3%에 해당하는 상품을 무료로 증정합니다!'

안내판을 읽은 카를과 테오는 그제야 고개를 끄덕였다.

'손님들은 연말에 있을 삼 퍼센트의 무료 혜택을 기대하며 이곳에 왔다! 사실 삼 퍼센트가 크다고는 할 수 없으나 무료 상품이라는 기분 좋은 혜택을 무시하기는 어렵지.'

형제는 즉각 가게로 돌아와 안내판을 만들었다.

'오늘부터 모든 상품을 3%씩 할인합니다. 최저가 보장! 최저가가 아니라면 차액을 돌려드립니다!'

형제는 당장 모든 상품을 3퍼센트 할인하고 최저가 보장제를 실시했다. 얼마 지나지 않아 그들의 작은 식품점은 손님들로 문전성시를 이루었다. 다른 가게의 성공 비결을 모방한 형제의 가게는 곧 열 개가 넘는 분점을 냈고 도시의 주요 거리를 점령했다. 이것이 바로 독일의 대형 슈퍼마켓 체인인 '알디'의 시작이다. 현재 알디 마트는 남쪽 알프스산맥 지역에서부터 북쪽 플렌스부르크까지 도처에 없는 곳이 없다.

돈을 벌려면 머리를 써야 한다. 유대인들이 돈을 벌 때 가장 중시한 것은 머리다. 두 랍비가 지혜와 재물의 관계에 대해 이야기했다.

"지혜와 재물 중 어느 쪽이 더 중요하다고 생각하는가?"

"당연히 지혜가 더 중요하겠지."

"그렇다면 지혜로운 사람이 왜 그렇게 부자가 되려고 하겠는가? 심지어 학자나 철학자도 부자가 되길 바라지. 하지만 부자는 지혜로운 사람이 되려고 하지 않잖은가? 그 사람들은 지혜 따위는 별것 아니라는 반응을 보인다네."

"간단하네! 지혜로운 사람은 재물의 가치를 알지만 부자는 지혜의 가치를 모르기 때문이지!"

랍비는 유대교의 율법 교사로, '지혜로운 자'의 대명사다. 그들의 말처럼 지혜로운 사람은 재물의 가치를 알기에 부자가 되려 하지만, 부자는 지혜의 가치를 모르기 때문에 지혜로운 사람이 될 생각이 없다. 오히려 지혜로운 사람 앞에서 재물을 자랑하고 거들먹거리는 실수를 저지른다.

그런데 지금 지혜로운 사람들이 재물의 가치를 알면서도 재물을 구하지 않는 까닭은 무엇일까? 혹시 재물을 좇는 것이 고상해 보이지 않아서일까? 그렇다면 지혜가 다 무슨 소용인가? 이것을 진짜 지혜라할 수 있을까? 솔로몬은 말했다.

"진리를 사라. 그리고 한 번 샀으면 절대 팔지 마라. 지혜와 깨달음, 스승도 모두 돈으로 사야 한다."

재물이 곧 지혜이고 힘이다. 재물은 슬기로움과 매력의 결정체요, 물질과 정신의 통합임을 기억해야 한다.

계란을
한 바구니에 담지 마라

분산 투자란 위험을 완벽하게 제거하라는 의미가 아니다. 최고의 분산 투자란 특이성 있는 위험을 제거하는 것이다. 위험관리란 위험을 없애는 것이 아닌, 위험 요소를 분석해 최대한 줄여서 자유자재로 가지고 논다는 의미나.

여윳돈 투자는 더 많은 돈을 벌 중요한 방법 중 하나다. 하지만 투자했다고 해서 꼭 돈을 벌 수 있지는 않다. 모든 투자에는 반드시 위험이 존재하기 때문이다. 상황이 좋을 때도 있고, 좋지 않을 때도 있다. 그러므로 자산을 어느 한 가지에 몽땅 투입하면 수익을 올릴 가능성도 있지만 수익은커녕 모든 자산을 잃을 가능성도 있다.

분산 투자를 해서 최대한 많은 종목에 투자할수록 수익이 날 가능성도 커진다. 분산 투자의 기본 원칙은 위험과 수익 사이에서 적당한 정도로 취사선택을 하는 것이다. 예컨대 하나의 투자 프로젝트 안에 열 종류의 주식이 있다면 각 주식의 기대수익률은 약 10-20퍼센트가 된다. 많은 돈을 벌고 싶은 사람은 기대수익률이 20퍼센트에 가까운 주식에 투자할 것이다. 하지만 그렇다고 해도 20퍼센트의 수익을 얻을 확률은 매우 낮다. 차라리 분산 투자를 해서 위험을 줄이고 15퍼센트 정도의 수익을 얻는 편이 낫다. 계란을 여러 개의 바구니에 나누어 담으면 설령 바구니 하나가 뒤집어지더라도 계란을 모두 잃지 않는 것과 같은 이치다.

'언론황제' 루퍼트 머독은 문자를 통한 뉴스 전송, 즉 신문과 잡지로 사업을 시작했다. 하지만 1980년대에 들어서면서 머독은 문자가 아니라 이미지를 통한 뉴스 전송에 주의를 돌렸다. 세상이 변해 새로운 투자 종목이 등장했음을 민감하게 알아차린 것이다.

1985년, 머독은 윌리엄 폭스가 설립한 영화제작사 '20세기 폭스 필름'을 인수했다. 당시 이 회사의 작은 계열사 '폭스 TV'는 아는 사람이 얼마 없는 작은 독립 방송국이었다. 머독은 폭스 TV의 조직구조를 합리적이고 효율적으로 조정한 후, 파산 위기에 처한 영국 방송국 BSkyB를 인수 합병했다.

이후 머독은 전 세계 뉴스 분야에서 위성 TV가 가장 강력한 수단이 되리라 내다보고 그동안 운영해온 신문과 잡지사를 모두 매각했다. 1993년에 중국에 진출할 때는 자금 압박에도 불구하고 100년의 역사가 있는 〈사우스 차이나 모닝포스트〉를 매각하고 위성 TV 방송국을 인수하는 동시에 신주(新株)를 발행했다. 그 결과 머독 그룹은 상장 8개월 만에 자금 부족 문제를 해결했다. 이 일은 머독 그룹이 경영의 중심을 신문에서 텔레비전 및 전자 매체로 완전히 전환했음을 의미했다.

2001년 6월, 홍콩 정부가 제정한 케이블 TV의 특허권에 관한 새로운 법령에 따라 머독은 홍콩 케이블 TV 주식회사의 보유 지분을 48퍼센트에서 100퍼센트로 확대했다. 당시 그는 이렇게 말했다.

"매우 기쁩니다. 이로써 우리는 홍콩에서 대규모 투자를 진행할 수 있게 되었습니다. 홍콩은 우리 머독 그룹의 주요 투자 지역이 될 것입니다."

세 차례의 대규모 인수 합병 거래는 '머독 제국'을 지탱하는 세 개의 기둥이 되었다. 현재 전 세계 2억 5천만 가정이 머독 그룹이 전송하는 다양한 프로그램을 시청한다.

분산 투자와 다원화 경영 방면에서 머독은 매우 훌륭한 성공 사례를 남겼다. 하지만 실제로 투자할 때는 종류가 많다 하여 무조건 좋다고 할 수 없다.

통계에 따르면 투자 항목이 하나 늘어나면 위험이 약간 줄어들기는 하지만 위험을 줄이는 능력은 도리어 낮아진다고 한다. 그러므로 반드시 투자의 '양'에 주의해야 한다. 또한 투자 항목을 마구잡이로 여러 개 선택하는 것은 진정한 분산 투자가 아니다. 반드시 각종 위험 투자를 선별해서 투자의 '질'을 향상시켜야 한다. 가장 이상적인 방법은 투자의 양과 질을 꼼꼼히 따져 수익과 위험을 적절히 조합하는 것이다. 그렇게 해야만 위험도가 크지 않은 상황에서 최대의 수익을 얻을 수 있다.

정리하자면, 이상적인 분산 투자란 단순히 자산을 나누어서 투자해 위험을 분산하는 것이 아니라 '위험이 일으키는 영향'을 분산하는 것이다. 투자 항목을 늘리면 위험은 내려갈 수 있지만 상대적으로 관리 비용이 상승할 수 있다. 여러 투자 항목의 변화 상황을 파악하는 것이 결코 쉬운 일이 아니기 때문이다. 그러므로 모든 요소를 고려해 최적의 분산 투자를 실현해야 한다.

돈을 아끼고 사랑하라

돈을 아끼면 인색하다는 소리를 들을까 봐 걱정할 필요 없다. 돈을 아끼는 것은 원칙 없이 함부로 쓰지 말라는 뜻이지, 무조건 쓰지 말라는 뜻이 아니다. 돈을 애지중지하는 사람에게만 돈이 계속 생겨나는 법이다. 그렇지 않은 사람은 언제나 돈이 빠져나가기만 한다.

옛말에 '군자는 재물을 사랑하나 취할 적엔 도가 있고, 사용할 적에도 도가 있다'고 했다. 돈이란 합리적으로 사용해야만 그 가치가 더 커진다. 돈 자체에는 무슨 힘이 있다고 할 수 없지만 잘 제어하고 활용한다면 큰 힘을 만들 수 있다. 돈이 많을수록 잠재된 역량 또한 더 커진다.

록펠러는 단골 레스토랑에서 식사할 때마다 항상 종업원에게 15센트를 팁으로 주었다. 그런데 어느 날, 팁을 5센트만 남기자 종업원이 말했다.

"제가 당신만큼 부자라면 팁 십 센트를 아끼지는 않을 거예요."

록펠러는 조금도 화내지 않고 미소를 지었다.

"그것이 바로 당신이 평생 레스토랑 종업원으로 살아야 하는 이유지요."

록펠러는 '미국의 석유왕'이라 불릴 만큼 어마어마한 부자였지만 언제나 가계부를 썼다. 매일 밤 기도하기 전, 그는 하루 동안 사용한 돈을 마지막 단위까지 꼼꼼히 적었다.

대단한 절약가인 그는 평생 다음과 같은 원칙을 지키며 살았다.

★ 언제나 지갑을 꼼꼼하게 확인하라.
★ 돈이 의미 없이 나가게 두지 말고, 인색하다는 소리를 들을까 봐 걱정하지 마라.
★ 1달러를 쓰려거든 2달러가 들어올 것을 확인한 후에 써라.

록펠러는 자기 사업을 시작하기 전에 큰 석유 회사에서 5년간 일하며 매일 거대한 석유통 뚜껑을 용접했다. 자동 용접기는 석유 뚜껑 하나를 용접하는 데 용접제 서른아홉 방울을 사용하도록 설계되어 있었다. 하지만 꼼꼼한 록펠러가 유심히 살펴보니 서른일곱 방울이면 충분했다. 한 통에 두 방울씩이면 하루에 얼마나 많은 용접제를 아낄 수 있겠는가! 록펠러의 건의를 받아들인 회사는 1년에 총 5억 7,000만 달러가 넘는 비용을 절약했다!

록펠러는 억만장자가 된 후에도 절약의 습관을 버리지 않았다. 그는 직원들에게 원유 1갤런을 정제하는 비용을 소수점 셋째 자리까지 계산해서 보고하라 지시했다. 또 매일 아침 출근하면 각 부서의 관련 비용 및 수익을 보고하도록 했다. 그 결과 각 부서의 책임자들은 비용 지출, 판매, 손익 등 각 항목의 숫자 데이터에 익숙하게 되어 나중에는 슬쩍 보기만 해도 문제를 발견할 정도가 되었다. 덕분에 회사 전체의 효율이 크게 향상되었다.

어느 날, 록펠러는 석유 정제 공장의 책임자에게 질문했다.

"왜 이 공장은 원유 일 갤런을 정제하는 데 19.8492달러나 들어가지? 동부 공장은 19.8490달러면 되는데!"

록펠러의 치밀한 통계 분석, 원가 계산, 가격 결정 등은 이후 기업가들의 회계방식에도 큰 영향을 주었다.

노인이 된 록펠러는 비서에게 5센트 동전을 빌렸다가 다음 날 돌려주었다. 비서가 안 주셔도 된다고 하자 록펠러는 격노했다.

"무슨 소리야! 5센트는 1달러의 일 년 치 이자야!"

록펠러는 정말 근검절약의 대명사였다!

돈을 강에 비유하면 돈을 버는 것은 수원(水源), 계획적으로 돈을 아끼는 것은 '물 흐름을 조절하는 것'이라고 할 수 있다. 열심히 벌 뿐 아니라 빠져나가는 작은 구멍을 확실히 막아야 큰돈을 모을 수 있다. 예를 들어 손님에게 식사를 대접할 때도 배불리 잘 먹는 것은 좋지만 겉치레나 허세를 차리느라 쓸데없이 낭비해서는 안 된다.

돈은 아끼고 사랑하는 수준을 넘어 애지중지해야 한다. 또 돈을 벌겠다는 생각뿐 아니라 이미 가진 돈을 잘 보호할 방법도 반드시 생각해야 한다.

단 한 푼이라도 벌 수 있다면
절대 포기하지 마라

하버드대 성공학 명강의

돈은 '동전 하나'에서부터 시작된다. 이 이치를 이해하지 못한 사람은 절대 큰돈을 모을 수 없다. 돈에 대한 태도는 곧 그 사람의 인생과 사업에 대한 태도를 반영한다. 비현실적으로 높은 곳만 바라보지 않아야 성실하게 주어진 일을 하나하나 잘해낼 수 있으며 최종 목표까지 실현할 수 있다.

돈이라는 것은 특성상 모여 있기를 좋아한다. 흩어져 있을 때는 전혀 위력이 없다가 모일수록 거대한 에너지를 발휘한다. 또 당신이 돈을 존중하면 돈도 당신을 보호하지만 조금이라도 홀대하는 것 같으면 즉각 당신을 떠난다.

노자는 "아름드리나무는 새싹에서 나고, 아홉 층 누대(樓臺)는 흙을 쌓는 데서 시작한다."라고 했다. 즉, 어떤 일의 성공은 항상 작은 것에서부터 큰 것으로 점점 누적되어 발전한다는 의미다. 재물 역시 흙을 한 층, 한 층 쌓는 것처럼 작은 돈 위에 쌓인다.

영국인과 유대인 청년이 직장을 구하는 중이었다. 두 사람이 걷는 길 위에 마침 동전 하나가 떨어져 있었는데 영국인 청년은 신경 쓰지 않고 지나간 반면, 유대인 청년은 걸음을 멈추고 몸을 숙여 동전을 주웠다. 그러자 영국인 청년은 무시하는 표정을 감추지 못하고 생각했다.

'땅에 떨어진 동전을 줍다니 정말 그릇이 작은 사람이군!'

반대로 유대인 청년은 앞서 가는 영국인 청년을 바라보며 생각했다.

'돈을 보고도 그냥 지나치다니 크게 되지 못할 사람이군!'

알고 보니 두 사람은 같은 회사로 향하는 중이었는데 막상 가보니 규모가 작고 월급도 많지 않은 곳이었다. 영국인 청년은 제대로 둘러보지도 않고 그냥 떠났지만 유대인 청년은 기꺼이 일하겠다고 했다.

2년 후, 두 사람은 우연히 길에서 만났다. 유대인 청년은 한 회사의 사장이 되어 많은 돈을 벌었지만, 영국인 청년은 여전히 직장을 구하는 중이었다. 그는 도무지 이해할 수 없었기에 물었다.

"당신처럼 그릇이 작은 사람이 어떻게 성공할 수 있지?"

"나는 당신네 영국 신사처럼 동전 하나를 보고 그냥 지나치는 사람이 아니거든. 동전 하나 아끼지 않는 사람이 어떻게 큰돈을 벌겠어?"

예로부터 '발걸음이 쌓이지 않으면 천 리에 이를 수 없고, 작은 개천이 모이지 않으면 강과 바다를 이룰 수 없다'고 했다. 영국인 청년은 신사의 품격을 지키느라 길 위에 떨어진 동전 하나를 무시했고 끝까지 아무것도 얻지 못했다. 유대인 청년은 돈을 얻을 기회라면 그것이 크든 작든 놓치지 않았기에 성공하여 큰 부자가 되었다.

사실, 영국인 청년도 돈을 거부한 것은 아니었다. 하지만 그는 큰돈만 바랐지, 작은 돈은 거들 떠보지도 않았다. 그래서 그의 돈은 언제나 '내일'에 있었다. 작은 돈이 없으면 큰돈이 생길 수가 없다. 이 이치를 이해하지 못한다면 당신은 영원히 큰돈을 모으지 못할 것이다.

　돈도 사람과 마찬가지다. 당신이 돈을 존중하면 돈도 당신을 배신하지 않지만 당신이 돈을 무시하면 돈도 당신 손에서 빠져나간다. 살면서 크든 작든 돈을 얻을 기회라면 어떠한 기회도 버리지 말고 단 한 푼도 무시하지 말자. 어쩌면 그 한 번의 기회, 그 한 푼의 돈이 언젠가 당신을 휘황찬란한 미래로 이끌어줄지 모른다.

하버드 성공학 명강의 노트

★　★　★

지금 이 세상, 인류의 역사……
근본적으로 모두 사랑이 있었기에 비로소 완전해졌다.
사랑은 헌신과 보답을 주고받으며 발생하는 감동으로 더 깊어진다.
눈이 휘둥그레지는 엄청난 선물이나 이벤트보다
일상 속의 작은 사랑이 더 값지다.

성공하려면
하버드처럼

초판 1쇄 인쇄 2020년 01월 11일
초팜 1쇄 발행 2020년 01월 17일

지은이 | 하오런
옮긴이 | 송은진
펴낸이 | 김의수
펴낸곳 | 레몬북스(제 396-2011-000158호)
주 소 | 경기도 고양시 일산서구 중앙로 1455 대우 시티프라자 802호
전 화 | 070-8886-8767
팩 스 | (031) 955-1580
이메일 | kus7777@hanmail.net
표지디자인 | 김윤남
본문디자인 | 디자인 [연;우]

ISBN 979-11-85257-91-4 (03320)

이 도서의 국립중앙도서관 출판예정 도서목록(CIP)은 서지정보유통지원시스템 홈페이지
(http://seoji.nl.go.kr)와 국가자료 공동목록시스템(http://www.nl.go.kr/kolisnet)에서
이용하실 수 있습니다. (CIP제어번호 : CIP2019049646)

※ 잘못 만들어진 책은 구입처에서 교환 가능합니다.